TOMKE VOIGT UND SASCHA B

HUMAN DESIGN

IN 7 SCHRITTEN ZU DIR SELBST

BEFREIE DICH VON ALTEN VERHALTENSMUSTERN
UND ENTDECKE DEN SCHLÜSSEL ZU EINEM ERFÜLLTEN
UND GLÜCKLICHEN LEBEN

INHALT

EINLEITUNG....5

HOKUSPOKUS ODER WISSENSCHAFT? 8

SCHRITT 1: HUMAN DESIGN CHART/BODYGRAPH 11

SCHRITT 2: DIE 5 HUMAN DESIGN TYPEN 17

5 Human Design Typen....19
Der Reflektor 23
Der Manifestor....31
Der Projektor....39
Der Manifestierende Generator 45
Der Generator....53

SCHRITT 3: DIE 9 ZENTREN....59

Das Kopf-Zentrum - Die Krone (Inspiration) 61
Das Ajna-Zentrum - Der Verstand (Denken, Logik)....62
Das Kehl-Zentrum (Ausdruck)....63
Das G-Zentrum (Identität, Selbst, Richtung, universelle Liebe)....64
Das Herz-Zentrum (Willensstärke) 65
Das Milz-Zentrum (Intuition und Überleben)....65
Das Solarplexus-Zentrum (Emotionen) 66
Das Sakral-Zentrum (Lebenskraft)....67
Das Wurzel-Zentrum (Erdung)....68

SCHRITT 4: DIE INNERE AUTORITÄT....71

Emotionale Autorität 74
Sakrale Autorität....75
Milz-Autorität 75
Herz-Autorität 75
Selbst-Autorität 76
Äußere Autorität 76

SCHRITT 5: DIE 36 KANÄLE 79

SCHRITT 6: DIE 64 TORE 93

SCHRITT 7: DIE 12 PROFILE 109

Profil 1/3 - Der ruhelose Entdecker 111
Profil 1/4 - Der beeinflussende Entdecker 111
Profil 2/4 - Der geheimnisvolle Eremit 112
Profil 2/5 - Der lösungsorientierte Eremit 112
Profil 3/5 - Der charismatische Forscher 113
Profil 3/6 - Der weise Wagehals 114
Profil 4/1 - Der fokussierte Meister 114
Profil 4/6 - Der scharfsinnige Forscher 115
Profil 5/1 - Der einfallsreiche Anführer 115
Profil 5/2 - Der brillante Alleingänger 116
Profil 6/2 - Das optimistische Vorbild 116
Profil 6/3 - Das weise Vorbild 117
Welche Profile harmonieren miteinander? 117

EINE KLEINE ZUSAMMENFASSUNG 129

LUST AUF EIN PAAR EXTRASCHRITTE? 133

Die 13 Planeten und ihr Einfluss – Astro-Alarm! 133
Pfeile am Kopf? Was soll das denn?! 139
Das Nicht-Selbst-Thema: Hab ich's doch geahnt! 140
Das Inkarnationskreuz – noch mehr verrückte Sachen! 149
Die Extra-Meile zusammengefasst 151

SCHLUSSWORT 153

HÄUFIG GESTELLTE FRAGEN 155
HAFTUNGSAUSSCHLUSS 158

EINLEITUNG

Dieses Buch ist für dich. Egal, ob du ein absoluter Anfänger oder bereits fortgeschritten im Human-Design-Studium bist – der praxisorientierte Inhalt dieses Buches wird dein Leben bereichern. Die tiefen Einsichten aus dem hier präsentierten Wissen helfen dir, dich selbst besser kennen und lieben zu lernen. Das trifft auch auf andere Menschen in deinem Umfeld und deine Beziehungen zu ihnen zu.

Hast du dich auch schon einmal gefragt, weshalb die unzähligen von dir gelesenen Bücher und besuchten Seminare nicht nachhaltig funktioniert und zu einem glücklicheren Leben geführt haben? Bist du langsam, aber sicher frustriert, weil du schon so vieles im Bereich der Persönlichkeitsentwicklung und Spiritualität ohne nennenswerte Erfolge ausprobiert hast?

Lass dir gesagt sein, dass Human Design eine revolutionäre Ausnahmemethode ist, mit der du (bei richtiger und täglicher Anwendung) bleibende und großartige Erfolge erzielen wirst.

Der Grund dafür, dass so viele, gut gemeinte Ratschläge und Erkenntnisse aus den genannten Bereichen nicht oder nur auf Zeit zu den gewünschten Ergebnissen führen, ist nämlich der, dass wir Menschen nicht alle gleich sind. Das sollte eigentlich keine große Überraschung sein, doch wenn es um die Transformation des eigenen Lebens geht, scheinen viele Programme dies regelmäßig zu vergessen.

Das Human Design System unterscheidet sich grundlegend von allem anderen, weil es die Einzigartigkeit eines jeden Menschen berücksichtigt und ihm auf dieser Basis Hilfestellung und bahnbrechende Einsichten über das eigene Wesen bereitstellt.

Nur wer in der Lage ist, sich deutlich zu erkennen, kann die gewünschten Veränderungen herbeiführen und sich von alten, destruktiven Verhaltensmustern und Blockaden befreien!

Heutzutage leben wir in einer Welt, in der wir in der Theorie rund um die Uhr mit anderen vernetzt sind. Auch wenn du dich gerade am anderen Ende der Welt befindest, sind deine Freunde und Familie stets nur zwei Klicks oder Tastenanschläge entfernt. Du hast eine Frage und niemand ist gerade zugegen, dem du sie stellen könntest? Kein Problem, denn wofür gibt es die modernen Suchmaschinen? So wie wir in diesem Jahrhundert in den meisten westlichen Ländern leben, haben wir alles, was wir jemals brauchen könnten, zu jeder Zeit parat. Uns fehlt es an nichts.

Oder?

Vielleicht hast auch du bereits einige schlaflose Nächte hinter dir, in denen du trotz aller Anstrengung einfach nicht zur Ruhe kommen konntest. Sich wiederholende Gedankenschleifen haben dich malträtiert und letztlich mit einer bohrenden Frage hochschrecken lassen: *Was stimmt nicht mit mir?*

Gut möglich, dass du dich gefragt hast, weshalb du nicht glücklich und zufrieden bist. Schließlich hast du doch alles, dir fehlt es an nichts, alle Türen stehen dir offen. Und doch ... ist da immer wieder diese leise Stimme, die dir sagt, dass etwas fehlt.

Denn was nützt all die Verbundenheit mit der Außenwelt, wenn dir die allerwichtigste irgendwann abhandengekommen ist? Du weißt schon, die Verbindung zu dir selbst, zu deinem Inneren.

Das ist nicht einmal deine Schuld. Wenn überhaupt, liegt es an dem Jahrhundert und der Welt, in der wir leben. Es ist etwas Wunderbares, dass die Menschen es schon immer gemocht haben zu forschen. Die Wissenschaft und der beständige Drang zu erfahren, was es „dort draußen" noch alles zu entdecken gibt, haben uns große Errungenschaften gebracht. Dennoch ist es längst an der Zeit, als Gesellschaft innezuhalten und den Blick in ein noch viel zu wenig erforschtes Land zu richten: Unser Inneres.

Um ein wahrhaft erfülltes Leben zu führen, müssen wir uns selbst kennen und schätzen. Wir dürfen uns lieben, für das, was wir sind und das, was wir nicht sind.

Die Introspektive eröffnet uns mehr Raum für Entfaltung und die Ausschöpfung unseres vollen Potenzials – ein Leben, das in vollen Zügen gelebt und ausgekostet wird, mit nährenden, liebevollen Beziehungen, einem gesunden Körper, einer Berufung, die glücklich und reich macht. Letzten Endes wünschen wir uns das alle.

Du hast nun den ersten Schritt getan, um diesem Ziel nahezukommen. Das Human Design System ist eines der machtvollsten Werkzeuge dafür. Es ist eine Verschmelzung aus uraltem Wissen und moderner Forschung. Einmal verstanden und richtig angewandt, verschafft es dem lernwilligen Menschen beträchtliche neue Einsichten über das eigene Wesen, mögliche Lebenswege sowie eine ganzheitlichere Betrachtungsweise der eigenen Stärken, Schwächen, Potenziale und energiebedingten Ressourcen. Das Human Design ist wie eine Art Bauplan deines charakterlichen Wesens und dabei so individuell wie der Mensch selbst. Dieses Buch liefert dir das gesammelte Human-Design-Wissen, inklusive praktischem Selbstcoaching, das dich dabei unterstützt, das Erlernte in deinem Alltag anzuwenden und dir damit ein deutlich glücklicheres Dasein zu bescheren. Die sieben Schritte zu dir selbst ermächtigen dich dazu, in deine Kraft zu kommen und endlich so zu leben, wie du es dir immer schon erträumt hast. Glückwunsch, dass du bereit für diese Veränderung bist!

HOKUSPOKUS ODER WISSENSCHAFT?

Das Human Design System gehört zu den umfangreichsten und vielschichtigsten im Bereich der Methoden zur Entfaltung und Entdeckung der Persönlichkeit. Der gebürtige Kanadier Alan Robert Krakower, auch bekannt unter seinem Pseudonym Ra Uru Hu, veröffentlichte 1992 erstmals das Buch *The Human Design System*. Er war Physiker und Künstler. Das zugrundeliegende Wissen für das Schreiben dieses Buches erhielt Alan durch ein acht Tage lang andauerndes mystisches Erlebnis. Stimmen sprachen zu ihm und lieferten ihm äußerst detailreiche, die Mechanik des Universums betreffende Kenntnisse. Aus diesen Einsichten und Informationen entstand das Human Design System. Bis zu jener einschneidenden Erfahrung stand der Wissenschaftler Krakower Mystik und paranormalen Phänomenen stets äußerst skeptisch gegenüber.

Doch mit dem besagten, außerweltlichen Erleben stand er als Naturwissenschaftler keinesfalls allein da. Auch Heisenberg, Einstein und Bohr haben zu Lebzeiten mystische Eingebungen gehabt, die ihren bahnbrechenden Entdeckungen vorausgingen.

Tatsächlich vereinen sich im Human Design ältere und neue Wissenschaften aus dem Bereich der Quantenphysik, Biochemie und der menschlichen Genetik. Im Kern jedoch besteht es aus vier Weisheitslehren: der Astrologie, dem I Ging, der Kabbala und dem Chakrensystem.

Alan Robert Krakower, alias Ra Uru Hu, hat nach seiner Entdeckung gemeinsam mit anderen Wissenschaftlern das Prinzip des Human Design Systems weiter erforscht und ausgedehnt. So entstand das uns heute bekannte HDS.

Später lehrte Ra Uru Hu in Amerika und Europa und gründete die erste internationale Human Design Schule (International Human Design School – IHDS) sowie ein Unternehmen namens Jovian

Archive. Beides sollte der Verbreitung des Human Designs Wissens dienen.

Ziel des Human Design Systems ist es nicht, dich in eine Schublade zu stecken und dir zu sagen, wie du von nun an leben sollst. Vielmehr kann es dir sowohl zu einem besseren Verständnis über dich selbst als auch deinen natürlichen Gaben verhelfen und so eine Anleitung für größeres Glück und Fülle auf allen Ebenen für dich sein. Um authentisch zu leben, müssen wir als Menschen zunächst einmal in der Tiefe erfassen, wer wir wirklich sind. Die vielen negativen Botschaften, die wir von klein auf von unseren Mitmenschen (oftmals unbeabsichtigt) und den Medien erhalten, erschweren dies. Das Human Design ist ein Schlüssel zu einer rasanten persönlichen Entwicklung, heraus aus den unbewusst abgespeicherten Konditionierungen der Außenwelt, die dich mit „Du solltest lieber so oder so – auf jeden Fall aber anders – sein"-Aufforderungen bombardiert und kleinmacht.

Wenn du weißt, wer du bist, fällt es dir bedeutend leichter, deinen Lebenssinn und Zweck zu definieren und deiner Seelenaufgabe hier auf dem Planeten Erde nachzukommen.

SCHRITT 1

HUMAN DESIGN CHART/BODYGRAPH

„Allen Menschen ist zuteil, sich selbst zu erkennen und verständig zu denken."

HERAKLIT VON EPHESUS

Erkenne dich selbst heißt es seit ewigen Zeiten immer dann, wenn es um die Frage nach dem Sinn des Lebens geht. Doch was genau wollte Sokrates damit sagen?

Fernab aller Äußerlichkeiten gilt es, den inneren Menschen zu betrachten. Sich selbst zu erkennen, bedeutet auch, die vollständige Verantwortung für das eigene Denken und Handeln zu übernehmen. Diese Annahme macht innerlich frei.

Der **Human Design Bodygraph** (auch: Körpergrafik oder Chart genannt) ist eine auf der Sternen- und Planetenkonstellation zum Zeitpunkt kurz vor und bei deiner Geburt beruhende Grafik. Dein Geburtsort und die genaue Zeit sind bei der schematischen Darstellung ebenfalls von großer Bedeutung. Anders als die Astrologie teilt das Human Design System den Himmel nicht in zwölf, sondern in vierundsechzig Bereiche. Diese Anzahl entspricht genau der in der menschlichen Genetik.

Bei dieser bilden drei aufeinanderfolgende Nukleobasen (Bausteine in RNA und DNA) der Nukleinsäuren (Makromoleküle, die genetische Information enthalten) ein Triplett, das auch Codon genannt wird.

Diese vierundsechzig Bereiche entsprechen auch den vierundsechzig Hexagrammen des chinesischen I Ging (eines der ältesten und bedeutsamsten Bücher der Weltliteratur; es dient zum besseren Verständnis des menschlichen Wesens).

Jeder dieser einzelnen Bereiche hat eine Bedeutung, die auf verschiedene charakterliche Merkmale hinweist. Die vierundsechzig Bereiche werden im Human Design Tore genannt.

Die Zellen (Neuriten) in deinem Organismus schließen sich zusammen und bilden gemeinsam einen großen Organismus, der wiederum deinem Körper entspricht. Alles um dich herum nimmt einen Einfluss auf dich. Im Universum sind wir als Menschen umgeben von sogenannten Neutrinos. Das sind elektrisch neutrale Elementarteilchen, die mit Lichtgeschwindigkeit durch das Weltall jagen und überall zu finden sind. Auch du, mit all deinen Zellen, wurdest und wirst von ihnen geformt. Ein Informationsaustausch findet statt – und der begann bereits mit deiner Empfängnis. Die Neutrinos durchdringen das Universum, die Sternenfelder und die Planeten, sammeln Energie und Daten, ehe sie auf einen Menschen treffen und ihn mit ganz bestimmten Eigenschaften prägen. Ist das nicht erstaunlich?

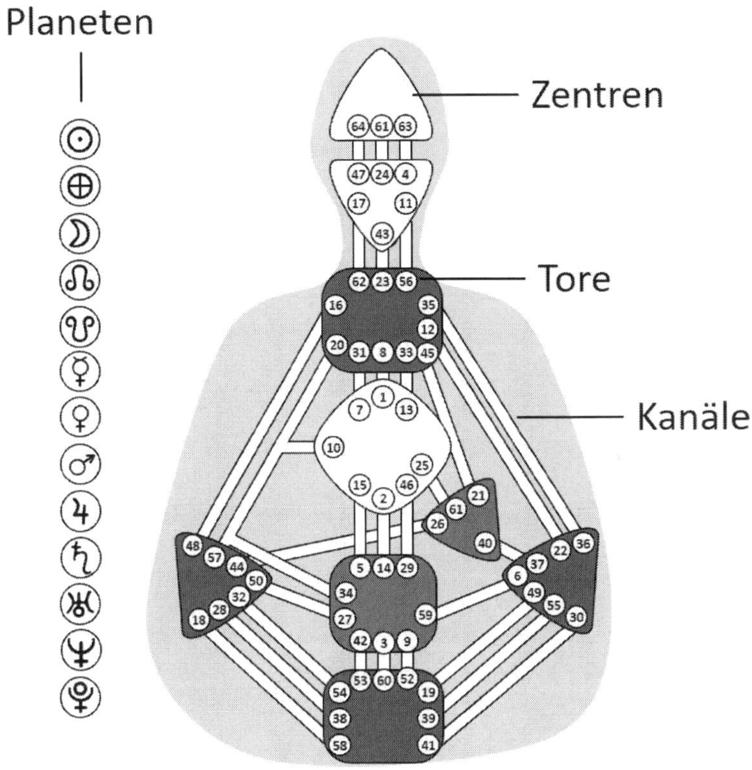

Im Human Design gibt es außerdem neun Zentren, die auch Körperzentren oder Energiezentren genannt werden. Sie erinnern an die Chakren, die im tantrischen Hinduismus, im tantrisch-buddhistischen Vajrayana, im Yoga, sowie allgemein im Bereich der Esoterik als energetische Verbindung zwischen dem Physischen und Feinstofflichen gelten.

Die 9 Zentren im Human Design System heißen Kopf-Zentrum (Inspiration), Ajna-Zentrum (Verstand), Kehl-Zentrum (Ausdruck), G-Zentrum (Identität), Milz-Zentrum (Intuition), Herz-Zentrum (Willenskraft), Solarplexus-Zentrum (Emotionen), Sakral-Zentrum (Lebenskraft), Wurzel-Zentrum (Antrieb).

Im Human Design Body Graph sind diese Zentren als Dreiecke und Rechtecke sichtbar. Diese Zentren bilden das Fundament deines genetischen Human-Design-Bauplans.

Sie sind durch **36 Kanäle** miteinander verbunden. Die Kanäle verstärken den Fluss der Energie durch die Zentren und liefern ein noch feineres Bild über deinen Charakter, deine Talente und Neigungen. An den Enden der Kanäle findest du die Zahlen, welche für die **64 Tore** (Codons) und deine charakterliche DNA stehen. Einige von ihnen haben eine Färbung, andere wiederum nicht. Später erfährst du noch Genaueres darüber. Es gibt definierte (eingefärbte) und nicht definierte (eingefärbte) Zentren. Was es damit auf sich hat, erfährst du ebenfalls im späteren Verlaufe des Buches.

Überdies findest du im Human Design Bodygraph eine Aufteilung zwischen rechts und links. Die linke Seite deines Charts ist hell (nicht eingefärbt). Sie steht für die dir unbewusste Seite deiner Persönlichkeit und ist Ausdruck der Planetenposition 88 bzw. 89 Tage vor deiner Geburt. Sie wird auch „**Design-Seite**" genannt.

Die rechte Seite im Chart ist eingefärbt. Sie beschreibt die dir meist bewussten Anteile deines Charakters und wird auch „**Persönlichkeits-Seite**" genannt.

Außerdem findest du in deinem Chart noch die **13 Planeten**. Sie beschreiben die durch Sonne, Mond, Planeten und Mondknoten zum Zeitpunkt kurz vor und bei deiner Geburt bestehenden Einflüsse auf dich. Zu ihnen zählen die Sonne, die Erde, der Mond, der nördliche Mondknoten, der südliche Mondknoten, der Merkur, die Venus, der Mars, der Jupiter, der Saturn sowie Uranus, Neptun und Pluto.

Lass dich von den vielen Zahlen und Beschreibungen der einzelnen Parameter und Bedeutungen nicht verunsichern. Das Human Design System wirkt zu Beginn hochkomplex. Doch je mehr du dich damit beschäftigst, desto schlüssiger werden dir all die Begrifflichkeiten, Zeichen und Nummerierungen erscheinen.

Wie meistens im Leben braucht es auch hier ein wenig Geduld. Am leichtesten wird dir das Lernen fallen, wenn du dir zunächst einmal deinen eigenen Human Design Bodygraph aus dem Internet herunterlädst. Tippe dazu einfach in die Suchmaschine deiner Wahl „Human Design Chart" oder „Human Design Bodygraph" ein. Falls du deutsche Seiten bevorzugst, schreibe dahinter noch „deutsch". So findest du eine Reihe von Seiten, die nach Eintragung deines Namens, Geburtsdatums, Geburtsortes und Geburtszeit einen kostenlosen Chart für dich erstellen. Diesen kannst du dir für gewöhnlich als PDF herunterladen und abspeichern oder ausdrucken. Auf einigen Seiten findest du noch kostenlose Zusatzinformationen zu deinem speziellen Bodygraph. Andere verlangen Geld für die Herausgabe weiterer Informationen. Wenn du dieses Buch bis zum Ende durchgearbeitet und die entsprechenden Aufgaben gewissenhaft erledigt hast, wirst du dein Chart auch selbst perfekt genug für viele überraschende Aha-Erlebnisse lesen und deuten können.

Lege dir für die weitere Arbeit am besten eine gesonderte Datei für Notizen und die Beantwortung der verschiedenen Aufgabenstellungen an oder besorge dir ein frei gestaltbares Human Design Arbeitsbuch. Ein einfaches Schreibheft oder ein Notizblock reicht aber auch völlig aus.

SCHRITT 2

DIE 5 HUMAN DESIGN TYPEN

Alles in dieser Welt besteht aus Energie. So auch du. Früher in der Schule lehrte man einst strickt das Atommodell von Niels Bohr (dieses hat er 1913 entwickelt). Demnach bestand die Welt (und alles darin, samt uns Menschen) einzig aus fester, greifbarer Materie. Demnach umkreisen die negativ geladenen, relativ leichten Elektronen einen positiv geladenen, schweren Atomkern auf festen Bahnen. Dazwischen ist nichts als leerer Raum.

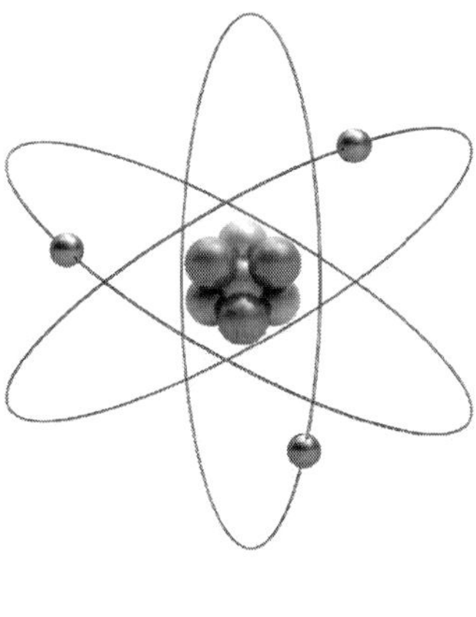

Dank der modernen Quantenphysik weiß man, dass diese Teilchen nicht nur fest sind, sondern auch Eigenschaften von Wellen haben.

„Alles, was einen Impuls hat, hat auch eine Wellenlänge."
LOUIS DE BROGLIE

Wenn du jetzt deine Hand ausstreckst, kannst du weder die aus Protonen bestehenden Atomkerne noch die Elektronen, aus denen deine Hand gemacht ist, mit bloßem Auge sehen. Auch die Energie sowie die Schwingungen, die von ihr ausgehen, sind unmöglich mit deinem Sehsinn erfassbar – und dennoch sind sie da.

Unsere fünf menschlichen Sinne sind ein großartiges Geschenk, denn durch sie erfahren wir die Welt. Dennoch ist es ratsam, sich ihre Begrenzungen immer mal wieder bewusst zu machen. Als Maßstab für das Mögliche und Unmögliche scheiden sie jedenfalls aus.

Im Human Design System spricht man von fünf unterschiedlichen Energietypen. Stell dir darunter deine dominante Energie vor, die Schwingung, die dich zu jederzeit umgibt und in dir ist. Die Energietypen teilen sich in Generatoren, Manifestierende Generatoren, Projektoren, Manifestoren und Reflektoren auf.

Etwa fünfunddreißig Prozent machen die Generatoren von der Gesamtbevölkerung aus, dicht gefolgt von den Manifestierenden Generatoren mit vierunddreißig Prozent. Einundzwanzig Prozent der Menschen auf der Welt sind Projektoren, knapp neun Prozent Manifestoren und gerade einmal ein Prozent gehört zu den Reflektoren.

Eine Besonderheit ist, dass Manifestierende Generatoren manchmal zu den „normalen" Generatoren hinzugezählt werden. Allerdings unterscheiden sie sich von ihnen in ein paar Aspekten – später mehr dazu.

Reflektor
Generator
5
HUMAN DESIGN
TYPEN
Manifestor
Manifestierender
Generator
Projektor

Welcher Typ du bist, bestimmen die definierten (eingefärbten) Zentren und ihre Verbindungen zueinander in deinem Bodygraph. Es ist der erste wichtige Aspekt im Human Design, der dir dabei hilft, deine Einzigartigkeit zu erkennen, sie zu entfalten und dich selbst zu verwirklichen.

Den wichtigsten Kompass im Leben trägst du immer bei dir: dein Herz. Doch wie bereits erwähnt, fällt es in der heutigen Zeit nicht immer leicht, beständig damit in Verbindung zu sein. Betrachte das Human Design System als eine wertvolle Stütze auf deinem Weg in ein selbstbestimmtes Sein, in dem du all deine Potenziale kennenlernst und lebst!

Es ist eine Bestätigung von den Dingen, die du womöglich bereits über dich weißt. Vielleicht kennst du das: Du hast, seitdem du denken kannst, die eine oder andere Charaktereigenschaft und versuchst auf Biegen und Brechen eben diese zu ändern, weil sie dir nicht gefällt oder weil du dich an die anderen anpassen und wie sie sein willst.

Natürlich gibt es stets Raum für persönliches Wachstum, aber bestimmte Grundtendenzen sind nun einmal in jedem von uns angelegt und je eher wir in Frieden mit ihnen sind – sie liebevoll annehmen und akzeptieren –, desto weniger behindern sie uns im Alltag und beim Erreichen unserer Ziele.

Erkenne dich selbst, heißt im Umkehrschluss auch: Erkenne, wer du nicht bist und an welchen Stellen du deine Großartigkeit noch nicht in Gänze lebst. Einzig ein authentisches Leben ist ein wahrhaft gelebtes! So musst du dir auf deinem Sterbebett nicht insgeheim oder laut vorhalten, dass alles *so viel besser* gewesen wäre, wenn du nur den Mut aufgebracht hättest, dir selbst treu zu sein – wie die ehemalige Palliativkrankenschwester Bronnie Ware in ihrem Buch „Fünf Dinge, die Sterbende am meisten bereuen" schreibt.

Wenn du auf deinem Seelenweg bist, bringst du all die Gaben in dir hinaus in die Welt und bereicherst damit nicht nur dein eigenes Leben, sondern auch das von allen Menschen, denen du begegnest.

Hast du bereits einen der vielen kostenlosen Human Design Tests gemacht und kennst deinen Typ? Aufgrund von anerzogenem und erlerntem Verhalten aus der Gesellschaft ist es möglich, dass du dich nicht auf Anhieb mit ihm identifizieren kannst. Falls dem so ist, dann beobachte dein Verhalten innerhalb der nächsten drei Tage noch einmal bewusster denn je und horche tief in dich hinein. Dabei sollst du dich keineswegs verbiegen und dir etwas einreden, das nicht der Wahrheit entspricht. Vielmehr geht es darum, eingeschliffene, unbewusste Konditionierungen zu erkennen, wegen derer du dich womöglich bisher völlig entgegen deinem wahrhaften Naturell verhalten hast.

Selbstcoaching:

Notiere fünf charakterliche Eigenschaften, die dich deiner Meinung nach perfekt beschreiben.

Schreibe anschließend die Eigenschaften dahinter oder daneben, die deinen Human Design Typ ausmachen.

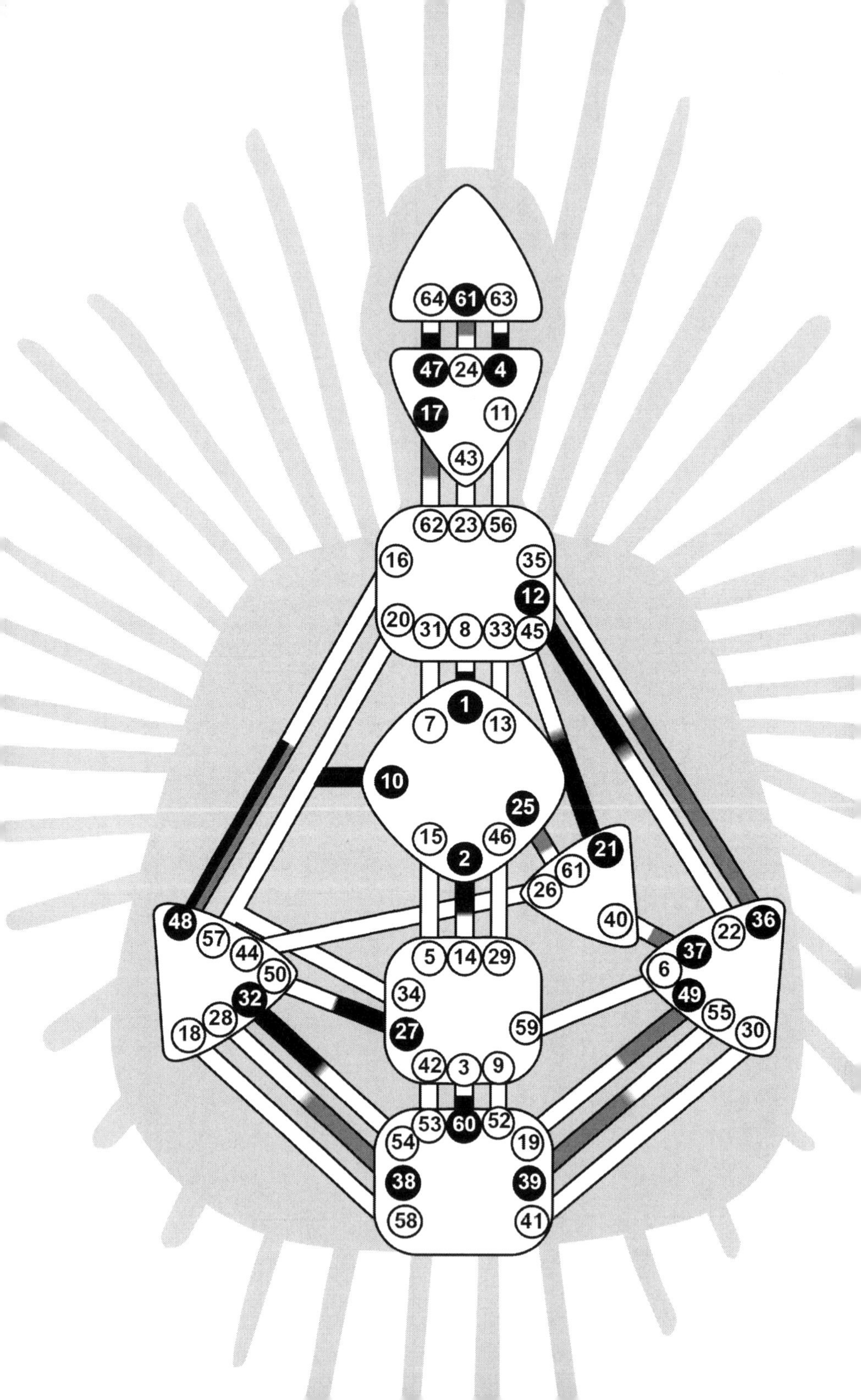
64 61 63
47 24 4
17 11
43
62 23 56
16 35
12
20 31 8 33 45
1
7 13
10
25
15 46
2
21
61
26
40
48
57
44
50
32
28
18
36
22
37
6
49
55
30
5 14 29
34
27
59
42 3 9
53 60 52
54 19
38 39
58 41

Der Reflektor

Der Reflektor gehört mit seinem 1%-Anteil aus der Bevölkerung zu dem seltensten Human Design Typ. Bei ihm ist keines der neun Energiezentren definiert (eingefärbt).

Das bedeutet für sein tägliches Leben und Sein, dass seine Energie niemals für längere Zeit konstant seine eigene und gleichbleibend ist. Diese Menschen sind besonders sensibel, nach außen gerichtet und haben eine außergewöhnliche Wahrnehmung für alles, was sie umgibt. Ihre Aufgabe ist es, ihr Umfeld zu spiegeln.

Das bezieht Menschen, wie auch die Natur und ihre Jahreszeiten oder die aktuell vorherrschende Energie auf der Erde mit ein.

Da sie so selten sind, ist es für sie oftmals besonders herausfordernd, unter all den anderen Typen zurecht zu kommen und ihren eigenen, authentischen Lebensweg zu beschreiten.

Ständig empfangen sie die Energien von anderen, reflektieren sie, nehmen sie auf und wissen oftmals nicht, was sie damit anfangen sollen. Es liegt in der Natur der Sache, dass Reflektoren äußerst mitfühlend und weise sind. Allerdings machen sie die beständigen energetischen Ströme von außen auch sehr verletzlich.

Erkennen sie, dass Energien in Wahrheit nicht ihre eigenen sind, kann ihre angeborene Objektivität zum Ausdruck kommen und ihnen, wie auch ihren Mitmenschen von großem Nutzen sein. Andere sehen sich selbst in ihnen gespiegelt – dies kann Fluch und Segen zugleich sein. Denn wer wünscht sich nicht, von seinen Mitmenschen für das gesehen und geliebt zu werden, was sie oder er tatsächlich ist?

Weil Reflektoren in ihrem Sein so stark an das, was um sie herum geschieht, gebunden sind, ist es maßgeblich, dass sie nach den natürlichen Zyklen der Erde leben.

Zum Beispiel empfiehlt es sich für sie, dass sie mit dem Treffen einer wichtigen Entscheidung zunächst einen vollen Mondzyklus abwarten. Das kann frustrierend sein, ist aber für diesen Typ Mensch unabdingbar für ein harmonisches Leben.

Dieses lange Warten beschreibt die meisterhafte Strategie eines Reflektors – seine ganz besondere Geheimwaffe! Wenn er dieser beharrlich folgt und dabei stets mit seiner ihm eigenen Autorität in Aktion tritt, wird er sich zu jeder Zeit mit den richtigen, ihn nährenden und erfüllenden Personen in der passenden Umgebung wiederfinden.

Es ist eine Lebensaufgabe für Reflektoren, sich immer wieder frei von den Bindungen an die von außen auf ihn zukommenden Energien zu machen. Es gilt zu verstehen, dass er diese zwar deutlich wahrnehmen, aber sich nicht zu eigen machen sollte.

Nur mit etwas Abstand und einer andauernden Präsenz gelingt es Reflektoren, ihre ureigene Identität zu entdecken und zu leben.

Für Menschen mit diesem Design sind wiederkehrende Rückzüge aus der Gesellschaft oft von Vorteil. Diese müssen nicht zwingend lange andauern. Manchmal braucht es nur wenige Momente des Abstands, damit ein Reflektor wieder in Verbindung mit sich selbst und seiner eigenen Energie kommt.

Mit ein bisschen Geduld, Übung und einer gesunden Distanz zu den Fremdenergien können Reflektoren für ihre Mitmenschen zu großartigen Ratgebern bei Problemen aller Art werden. Wenn Reflektor-Typen klare Grenzen setzen und bewusst entscheiden, wen sie in ihrem Umfeld haben wollen und wen nicht, können sie sich in der Rolle des Spiegelns und Lehrens (mithilfe ihres klaren Verstehens) äußerst wohlfühlen.

Kennt sich ein Reflektor gut, weiß er genau, wann er einfach nur reflektiert oder „versehentlich" die andere Energie in sich *aufnimmt*. Wenn das geschieht, gilt es innezuhalten, sich zu besinnen und wieder in den gegenwärtigen Moment und seine Kraft zurückzukehren.

Reflektoren sollten aufgrund ihrer Empfindsamkeit möglichst in einer ruhigen, naturnahen Wohngegend leben. Außerdem sind reinigende Praktiken wie lange Bäder, ausgiebiges Duschen, Meditationen, ausdrucksvolles Tanzen sowie Sauna- und Spaziergänge für diesen Human Design Typ empfehlenswert, um sich von fremden Energien zu befreien und wieder zu zentrieren.

Genau wie alle anderen Human Design Typen ist es auch für Reflektoren wichtig, zu verstehen und zu fühlen, dass es okay ist, anders zu sein. Mit ihrer objektiven Weisheit können sie ihren Mitmenschen wunderbar helfen. *Es geht darum zu sehen, dann los- und die Energie wieder ziehen zu lassen.*

Die Schwächen, mit denen du als Reflektor umzugehen lernen darfst:

- es kann für dich herausfordernd sein, deine Grenzen zu erkennen und eindeutig festzustecken
- du bist äußerst sensibel und verletzlich, daher läufst du stets Gefahr, dass dir alles zu viel wird
- du fühlst dich meist vollkommen anders als deine Mitmenschen und spürst, dass auch sie sich oft nicht in dich und dein Erleben hineinversetzen können
- du hast häufig das Gefühl, von anderen nicht wirklich gesehen zu werden
- in großen Menschenmengen kann es vorkommen, dass du dich aufgrund der vielen auf dich einströmenden Energien rasch müde und ausgelaugt fühlst
- du leidest unter häufigen Stimmungsschwankungen aufgrund der wechselnden Energien von außen

Die Stärken, mit denen du als Reflektor vom Leben beschenkt wurdest:

- du bist ein ausgezeichneter Beobachter und Berichterstatter des Lebens
- du verfügst über eine „klare Sicht" und ein hohes Maß an Objektivität
- du bist ein fantastischer Ratgeber und Coach
- dich zeichnet ein außergewöhnlich hohes Maß an Empathie und Verständnis anderen gegenüber aus
- du besitzt die Gabe, deine Mitmenschen in perfekter Vollendung zu spiegeln
- andere vertrauen dir und suchen häufig deinen Rat
- hast du erst einmal gelernt mit den Besonderheiten deines Designs umzugehen, verfügst du über eine wohltuende innerliche Gelassenheit und hast, wenn du in deiner Mitte bist, auch auf andere eine beruhigende Wirkung

Selbstcoaching Reflektor Teil 1:

Notiere dir mindestens einen Zeitblock am Tag, den du nur für dich reservierst. Auch das Empfangen und Beantworten von sämtlichen Nachrichten gilt es während dieser Zeit zu vermeiden. Besinne dich vollkommen auf dich und beschäftige dich mit einer Sache, die dir guttut, deine Seele erfüllt und dir Energie schenkt. Betrachte diesen Rückzug als Verabredung mit dir selbst und behandle dich so gut, wie du es auch mit einem geschätzten Partner oder der besten Freundin machen würdest.

Notiere während der nächsten sieben Tage vor diesem Block, wie du dich fühlst und was gerade in deinem Kopf, deinem Körper und deiner Gefühlswelt vor sich geht.

Halte diese Aspekte nach deiner Selbstverabredung erneut fest und spüre nach, wie dich das Alleinsein und Zur-Ruhe-Kommen gestärkt und genährt hat.

Selbstcoaching Nicht-Reflektor Teil 1:

Auch wenn du kein Reflektor bist, kann diese kleine Aufgabe sehr hilfreich für ein harmonisches Leben in der eigenen Mitte sein. Betrachte sie daher als Einladung, dich während der kommenden Tage noch besser kennenzulernen, dein Wohlergehen zur obersten Priorität in deinem Leben zu machen und dir durch die Zeit mit dir selbst echte Wertschätzung entgegenzubringen.

Selbstcoaching Reflektor Teil 2:

Nimm dir einige Augenblicke Zeit und schreibe alle Menschen auf, die du mindestens einmal wöchentlich siehst. Halte anschließend inne und frage dich, nach welchen Begegnungen du dich regelmäßig ausgelaugt fühlst.
Es kann mal vorkommen, dass eine Bekannte/Freundin oder ein Bekannter/Freund nicht gut drauf ist und du (aus Mitgefühl) ihre oder seine Energie aufnimmst. Alle Menschen erleben von Zeit zu Zeit Hochs und Tiefs. Aber wenn du Personen in deinem Leben hast, bei denen es dir vorkommt, als würden sie dich andauernd (wenn auch unbeabsichtigt) aussaugen, so ziehe es in Betracht, dich von nun an bewusst zurückzuziehen.

Überlege, welche Beziehungen dir guttun und plane deine Zeit entsprechend.

Es kann hilfreich sein, für die nächsten sieben Tage nach jedem Treffen oder längerem Gespräch dein Energielevel schriftlich festzuhalten, um ein klares Resümee ziehen zu können. Hast du deine Gefühle, Gedanken und körperlichen Empfindungen nach dem Kontakt mit deinen Mitmenschen erst einmal schwarz auf weiß, fällt dir die Entscheidung deiner zukünftigen Zeit- und Gesellschaftsplanung leichter.

Selbstcoaching Nicht-Reflektor Teil 2:

Sich von Menschen oder Situationen zu lösen, die einem nicht (mehr) guttun, kann schwierig sein. Besonders anspruchsvoll ist es, wenn es um Personen geht, die du eigentlich magst, das Zusammensein jedoch nur für einen bestimmten Zeitraum „gut aushältst".

Und trotzdem – sei dir wichtig genug, um deine zwischenmenschlichen Beziehungen regelmäßig zu evaluieren und dein Verhalten ihnen gegenüber entsprechend anzupassen.

Manchmal ist es von Nutzen, mit dem anderen zu reden und geradeheraus zu sagen, dass du zum Beispiel das Gefühl hast, von ihr oder ihm käme andauernd nur Negatives (und dass sich dies nicht gut für dich anfühlt).

Du wirst selbst am besten wissen, bei wem ein solches Gespräch sinnvoll sein könnte und bei wem eher nicht. Denke daran, dass du nicht zwangsläufig einen harten Schnitt machen musst. In einigen Fällen kann auch eine leichte Reduzierung des Kontakts ausreichen, damit du wieder Freude bei den zukünftigen Treffen hast und dich auch danach nicht völlig erschöpft fühlst.

Umgeben von den richtigen Menschen wird jeder Reflektor und auch Nicht-Reflektor die Anerkennung, Aufmerksamkeit und Liebe erhalten, die sie oder er verdient hat. Dies sind dann Menschen, die nicht nur nehmen, sondern auch zurückgeben. Sie lassen dich zu jedem Zeitpunkt wissen, wie sehr sie die Bekannt- oder Freundschaft mit dir schätzen und akzeptieren es, wenn du Raum für dich brauchst. Reflektoren sehen ihre Mitmenschen in der Tiefe ihres Seins – das rührt diese nicht selten zu Tränen.

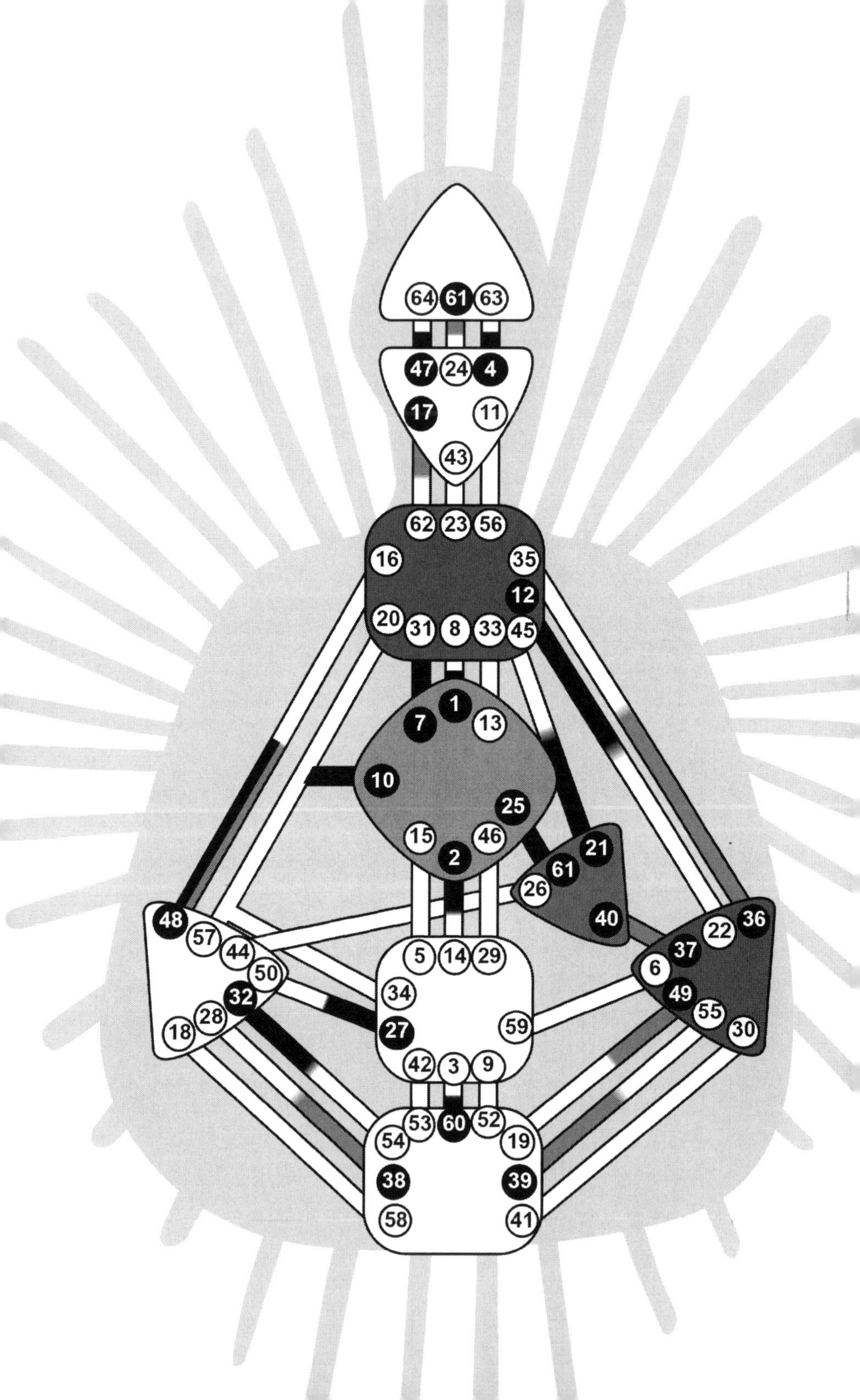
64
61
63
47
24
4
17
11
43
62
23
56
16
35
12
20
31
8
33
45
1
7
13
10
25
15
46
2
21
61
26
40
48
57
44
50
32
28
18
22
36
37
6
49
55
30
5
14
29
34
27
59
42
3
9
53
60
52
54
19
38
39
58
41

Der Manifestor

Manifestoren sind echte „Macher". Sie haben eine stürmische Energie und lieben es, „sofort loszulegen". Ein undefiniertes Sakral-Zentrum und ein mit dem Kehl-Zentrum verbundenes, aktives Motorenzentrum (der Solarplexus, das Herz- oder das Wurzel-Zentrum) zeichnet sie aus.

Wenn du ein Manifestor bist, dann gehörst du zu den Visionären dieser Gesellschaft. Du bist bereit, Wege zu beschreiten, die vor dir noch niemand gegangen ist und liebst es, andere anzuführen.

Wer Vorreiter ist, trifft jedoch nicht immer nur auf Zustimmung und Applaus.

Manifestoren werden daher nicht selten von anderen Human Design Profilen falsch verstanden, was zu Ablehnung, Misstrauen und manchmal sogar zu Anfeindungen führt. Viele Mitmenschen halten Manifestoren aufgrund ihres Wesens für unbezwingbar. Sie verfügen über große Motivation und eine starke Dynamik (ausgehend von einem der drei oder mehreren definierten/eingefärbten Motorenzentren, deren Energie zum Kehl-Zentrum emporsteigt).

Zwar bilden Manifestoren in ihrer Gesamtheit eine größere Gruppe von Menschen als die Reflektoren, doch mit ihren acht, bzw. beinahe neun Prozent, stellen sie immer noch eine Minderheit im Vergleich zu den anderen Gruppen der Human Design Profile dar.

Manifestoren dürfen begreifen, dass ihre Energie, etwas zu tun, ihr dynamoartiger Antrieb, die innere Unruhe und ihr beständiges Streben, bestimmte Ziele zu erreichen, nichts ist, was sie sich abgewöhnen können. Dies alles gehört zu ihrem Wesen.

Es mag vorkommen, dass mache Personen aus ihrem Umfeld sie für diese Art von Energie, Zielstrebigkeit, Schnelligkeit und Tatkraft beneiden. Das liegt daran, dass die meisten Menschen sehr viel länger brauchen, um bestimmte Vorhaben in Angriff zu nehmen und dabei ähnliche Erfolge wie Manifestoren zu realisieren.

Besonders ist, dass Manifestoren als absolute Ausnahme von allen anderen Human Design Typen erfolgreich allein agieren können. Sie sind wahre Einzelkämpfer!

Um jedoch auch mit diesen charakterlichen Eigenschaften in Frieden und Harmonie mit ihren Mitmenschen zu leben, sollten sie eines stets beachten: Sie müssen die anderen bestenfalls zeitnah über ihre Vorhaben informieren. Das nämlich ist die Strategie des Manifestors für ein erfüllendes Leben.

Wenn du ein Manifestor bist und diese auslebst, wirst du mit einem Gefühl der inneren Ruhe und Zufriedenheit belohnt. Versäumst du es, im Sinne deiner Strategie zu handeln und zu leben, können sich starke Gefühle der Wut in dir aufstauen.

Manifestoren sind von Haus aus aufgedreht, aktiv und voller Energie. Auf andere Nicht-Manifestoren wirkt der Manifestor daher oft unvorhersehbar, flatterhaft und unmöglich zu kontrollieren. Menschen mit diesem Typ schätzen es besonders, wenn andere sie für ihre Betriebsamkeit und Ergebnisse loben – und vor allen Dingen, wenn sie ihnen den dringend benötigten Freiraum dafür einräumen.

Angenommen, du hast dich als Manifestor bisher noch nicht ausgiebig im Praktizieren deiner Strategie geübt, kann es dir zu Beginn mühsam und nervenaufreibend erscheinen, deine Mitmenschen über deine Vorhaben in Kenntnis zu setzen. Mit der Zeit jedoch wirst du feststellen, dass diese einfache Verhaltensweise all deine Beziehungen dramatisch verbessert.

Lass dich nicht verunsichern, wenn du immer mal wieder auf Menschen triffst, die du mit deiner Wirbelwindart merklich aus dem Gleichgewicht bringst. Das ist nichts, was du persönlich nehmen solltest – und versuche ja nicht, dir deshalb die Flügel zu stutzen, dich an die anderen anzupassen und dich zu verbiegen. Dies würde nur zu andauerndem innerlichen Frust, gefolgt von Niedergeschlagenheit führen.

Du bist ein kraftvoller Adler, der die Welt erkunden und losfliegen will! Das ist etwas Wunderbares, auch wenn nicht jeder dies so sieht.

Daneben wird es auch solche Menschen geben, die begeistert sein werden, weil du sie mit deiner Manifestoren-typischen Art hervorragend motivieren, anleiten und voranbringen kannst.

Die Fähigkeit, andere führen zu können, ist eine bedeutsame Verantwortung, derer du dir als Manifestor bewusst sein solltest. Wie der Name bereits sagt, bist du als dieser Typ in der Lage, unabhängig von anderen und ohne auf den Mondzyklus zu warten, zu manifestieren.

Doch wie für alle anderen Human Design Typen kommt es auch für den Manifestor nicht nur darauf an, dass er seiner Strategie entsprechend handelt. Auch er darf dabei seiner inneren Autorität folgen. Nur so minimiert er die Gefahr, lediglich Auflehnung und Gegenwehr von anderen aufgrund seines Handelns zu erfahren. Die bereits erwähnte Wut samt überschießender Stressreaktionen wären die Folgen davon. Im Gegenteil zu Reflektoren, die stets darauf achten müssen, nicht zu viel Energie von anderen Typen zu absorbieren, weist der Manifestor Fremdenergien automatisch ab. Sofern du zu ihnen gehörst, bist du alles andere als ein Teamplayer. Entweder führst du an und wirst von deinen Mitmenschen als „Herrscher" akzeptiert oder du ziehst dich zurück und machst dein eigenes Ding.

Die Schwächen, mit denen du als Manifestor umzugehen lernen darfst:

- als Manifestor wirkst du auf andere schnell herrisch, abwehrend, bestimmend, ungeduldig und oder einschüchternd
- deine rebellische, draufgängerische Art polarisiert
- manch einer versucht dich aufgrund deines hohen Maßes an Energie und Tatkraft auszunutzen
- dir fällt es oft schwer zu verstehen, dass andere nicht so schnell sind wie du
- da es von deinem Human Design Typ nicht sehr viele Menschen gibt, kann dir das Annehmen deiner Einzigartigkeit und deines Andersseins besonders schwerfallen
- es fällt dir zumeist schwer, um Erlaubnis für irgendetwas zu bitten
- du hast häufig Probleme mit dem deutlich langsameren Tempo deiner Mitmenschen
- du neigst zu Ängsten in Bezug auf Kontrolle (Furcht davor, von anderen kontrolliert zu werden)

Die Stärken, mit denen du als Manifestor vom Leben beschenkt wurdest:

- du kannst einen immensen Einfluss auf andere und die Welt um dich herum haben
- du bist ein wahres Energiebündel, ein echter Macher, bzw. eine echte Macherin und immer auf dem Sprung
- als Manifestor zeichnet dich eine überdimensional große Spontanität aus
- mit dir wird es nie langweilig, und wer dich mag und deine Gesellschaft genießt, wird sich stets darüber freuen, immer wieder von dir überrascht zu werden und nie zu wissen, was als nächstes ansteht – langweilig wird es mit dir jedenfalls nicht!
- du hast unglaublich viel Energie, die dir jederzeit zur Verfügung steht
- du bist freiheitsliebend, fühlst dich in neuen Umgebungen schnell sicher und willst diese erkunden.

- trotz deiner nach außen oft forsch wirkenden Art bist du überaus sensibel
- du kannst als einziger Human Design Typ ohne einen anderen oder das Warten auf den Mondzyklus manifestieren

Selbstcoaching Manifestor Teil 1:

Nimm dir für die nächsten sieben Tage vor, wann immer du daran denkst, deine Mitmenschen über deine Vorhaben zu informieren. Halte danach deine Stimmung, Gedanken und körperlichen Empfindungen fest. Ziehe nach den sieben Tagen ein Resümee und überprüfe, inwieweit dir das Informieren inzwischen leichter als noch zu Beginn der Übung fällt.

Selbstcoaching Nicht-Manifestor Teil 1:

Auch wenn du kein Manifestor bist, kennst du vielleicht das Gefühl, aufgrund deiner Art und oder Denkweise bei anderen anzuecken. Das kommt vermutlich bei weitem nicht so oft wie bei einem reinen Manifestor vor, ist aber dennoch ein Thema, das angeschaut werden möchte. Als Menschen sind wir im tiefsten Kern alle Herdentiere. Wir brauchen einander. Deshalb kommt Ablehnung von außen einem zumeist unbewussten Teil in uns nicht selten wie ein kleiner Tod vor. Das ist nicht verwunderlich, denn in der Steinzeit stellte ein solcher Ausschluss aus der Gemeinschaft tatsächlich eine große Bedrohung für das eigene Überleben dar. Das ist heutzutage nicht mehr der Fall. Wenn wir wollen, können wir uns die Lebensmittel und alles, was wir sonst noch brauchen, nach Hause liefern lassen und dabei den Kontakt zu unseren Mitmenschen auf das Nötigste minimieren.

Allerdings schadet anhaltende Einsamkeit nicht nur unserer Psyche und emotionalen Gesundheit, sondern auch unserem Körper. Was also tun, wenn du Ablehnung von einem Menschen oder einer bestimmten Gruppe erfährst? Ganz einfach – suche dir deine eigene Gruppe, die Menschen, die genauso oder zumindest ähnlich ticken wie du. In manchen Fällen mag es eine Zeit lang dauern, bis du diese gefunden hast. Gib nicht auf, es gibt sie! Liebevolle Beziehungen sind ein Grundpfeiler für das menschliche Wohlbefinden. Nur weil du nicht bei allen Menschen gleich gut ankommst, heißt das nicht, dass mit dir etwas nicht stimmt.

Schreibe auf, welche Qualitäten du an deinen (möglichen) Freunden besonders schätzt und was für dich die perfekte gemeinsame Zeit ausmacht.

Selbstcoaching Manifestor Teil 2:

Gehe in dich und evaluiere, in welchen Bereichen deines Lebens du dich noch nicht vollkommen frei fühlst. Gibt es in deinem Beruf, in deiner Partnerschaft, in deinen Freundschaften, deinem Verein etc. Bereiche, in denen du dir aus dem einen oder anderen Grund irgendwie „gefangen" vorkommst? Halte diese schriftlich fest und überlege dir einen konkreten Plan, wie du dir deine Freiheit zurückerobern kannst. Schreibe auch das auf.

Selbstcoaching Nicht-Manifestor Teil 2:

Sich frei zu fühlen, gehört zu den Grundbedürfnissen eines jeden Menschen und somit auch Human Design Typs. Beim Manifestor ist dieser Wunsch meistens noch deutlich stärker als bei anderen ausgeprägt, das heißt aber nicht, dass er wichtiger als dein eigener ist. Sind deine dir innewohnenden Bedürfnisse nach Freiheit und Sicherheit in Harmonie? Oder gibt es auch in deinem Leben unfreie Aspekte? Bist du bereit, diese um deines Glücks willen zu ändern? Schreibe es auf!

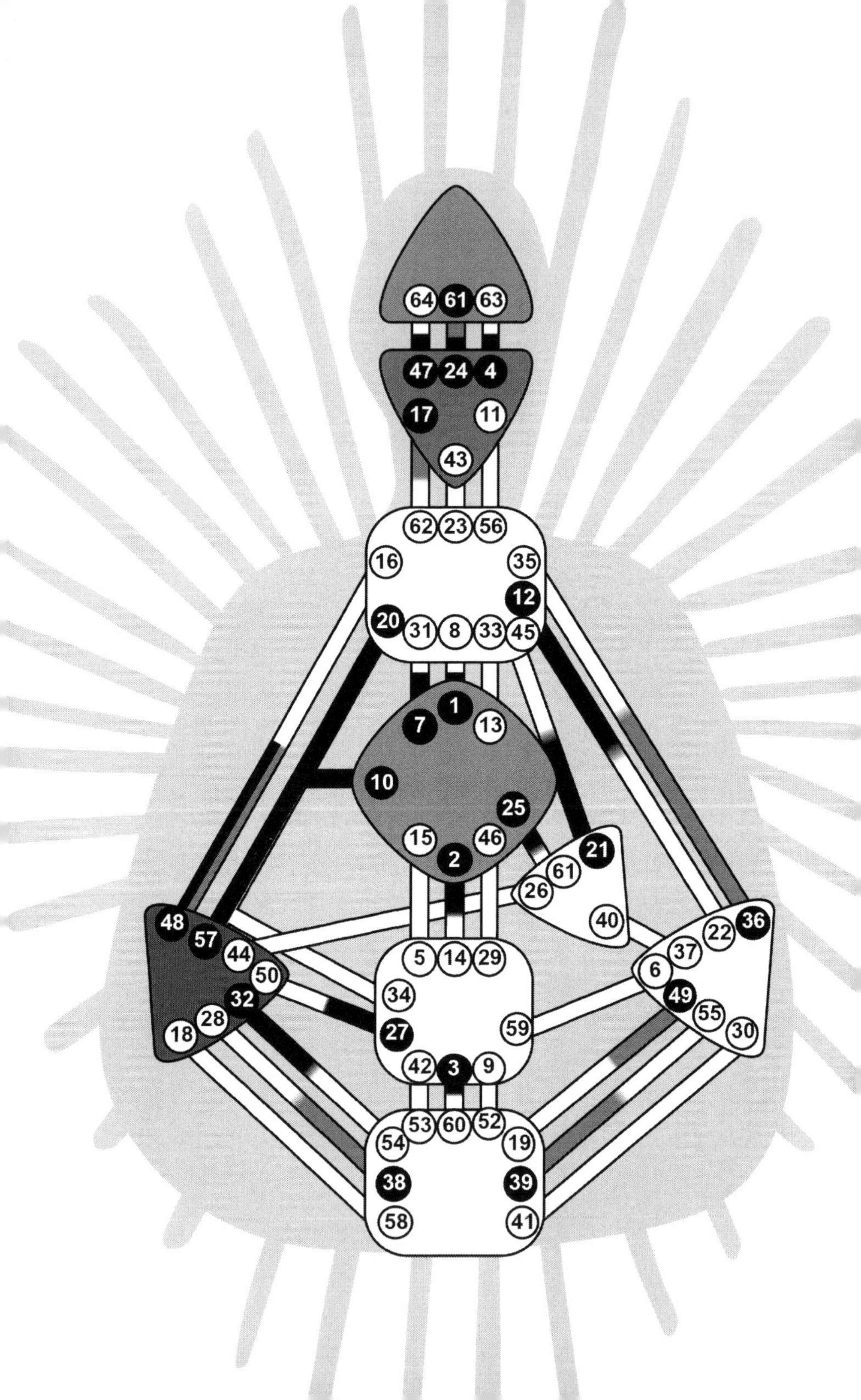
64 61 63
47 24 4
17 11
43
62 23 56
16 35
12
20 31 8 33 45
1
7 13
10
25
15 46
2
21
61
26
40
48
57
44
50
32
28
18
5 14 29
34
27
59
42 3 9
36
22
37
6
49
55
30
53 60 52
54 19
38 39
58 41

Der Projektor

Projektoren können die Energie anderer wunderbar leiten – sie selbst haben aufgrund ihres offenen Sakral-Zentrums und der fehlenden Verbindung von einem Motor zum Kehl-Zentrum keine eigene Antriebsenergie. Sie können fantastisch gut mit Generatoren oder Manifestierenden Generatoren zusammenarbeiten, da diese über immense Energie und Kraft verfügen und durch die Anleitung eines Projektors noch bessere Ergebnisse erzielen können. Wenn dein Human Design Typ der eines Projektors ist, dann wohnen dir die Eigenschaften eines echten Visionärs, erstklassigen Coaches, Anführers, Verwalters und Organisators inne. Viele der Energietypen haben ohne die Fähigkeiten eines Projektors an ihrer Seite Schwierigkeiten, mit ihrer vielen Energie umzugehen und diese zielgerichtet einzusetzen. Als Projektor kannst du hervorragend Kontakte knüpfen, ausgelassen sein und strahlst durch dein vieles Wissen dennoch eine gewisse Ruhe aus. Du gehörst nicht gerade zu den Arbeitstieren (was absolut okay ist), die vor allen Dingen körperlich im Beruf aktiv sind und ranklotzen. Dafür bist du großartig, wenn es um das Theoretische, ums Dirigieren und Studieren geht. Das hat überhaupt nichts mit Faulheit zu tun, sondern entspricht einfach deinem Wesen. Du glänzt in der Zusammenarbeit mit anderen und hilfst durch deine charakterlichen Eigenschaften und Energie, auch die anderen zum Strahlen zu bringen.

Projektoren sind dazu gemacht, in Führungsrollen zu sein. Ihnen fällt es von Natur aus leicht, sich in andere hineinzuversetzen, sie in ihren Talenten zu bestärken und bei ihrer vollen Entfaltung zu unterstützen.

Doch es gibt einen sehr großen Haken an der Sache: Bevor Projektoren dies alles ausleben können, müssen sie von den anderen Menschen oder vom Leben eingeladen werden.

Diese Einladung bedeutet: Ich sehe dich und erkenne dich in deinem Projektor-Sein an. Nur so kann der Projektor Typ seine authentische Rolle als eingeladener Anführer für alle Human Design Typen mit Sakralenergie leben (dazu gehören die Generatoren und die Manifestierenden Generatoren). Wenn du als Projektor nicht auf diese Einladung wartest, wirst du auf großen Widerstand im Außen stoßen (Lebenssituationen und Menschen). Außerdem wird dir auch nicht die Energie der Menschen, die dich eingeladen haben, zuteil – und genau das ist von großer Bedeutung. Denn Projektoren sind, wie bereits angemerkt, nicht auf dieser Welt, um ein Arbeitstier zu sein. Sie müssen die Energien der anderen Typen weise leiten, damit diese zu einem klugen Einsatz kommen. Wenn Sie eine Verbindung mit einem Energietypen eingehen, erhalten sie daraus nicht selten Zugriff auf immense Energiequellen jener Personen. Die richtige Lenkung dieser Energie erfordert, dass der Projektor in seiner Kraft ist. Das trifft zu, wenn er stets auf seine innere Autorität hört, ehe er handelt oder eine bestimmte Einladung vom Leben oder einer anderen Person annimmt. Wenn Projektoren entgegen dieser Strategie oder ihrer inneren Autorität handeln, sind starke Phasen der Erschöpfung und Niedergeschlagenheit die Folge. Eine zermürbende Verbitterung in Bezug auf das Leben und ihre Mitmenschen geht damit einher. Der Projektor ist der Human Design Typ mit den meisten Variationen von inneren Autoritäten. Wenn er seinen Fokus auf einen Menschen richtet, so hat dieser seine ganze Aufmerksamkeit. Für die andere Person fühlt es sich meist äußerst angenehm an, auf diese Weise „bemerkt" zu werden. In den Zeiten, in denen Projektoren noch keine Einladung von ihrem Umfeld erhalten haben, können Sie sich entspannen, lernen und ihrem natürlichen Forscherdrang nachgehen.

Als Projektor ist es für dich manchmal nicht gerade leicht, still in der Beobachterposition zu verharren und zu warten. Du bist stets darauf aus, dich mit jemandem zu verbinden und hegst einen beständigen Wunsch nach Anerkennung. Bemerkt und gesehen werden zu wollen, ist eine Komponente deines Designs. Von Nutzen und gewinnbringend auf allen Ebenen ist dieses jedoch nur, wenn es von allein geschieht und nicht von dir initiiert wird. Denke außerdem immer daran, dass du nicht unendlich viel Energie von anderen durch dein eigenes Energiesystem laufen lassen kannst. Andernfalls brennst du rasant aus. Gleiches gilt bei den Versuchen, es energiebezogen Generatoren, Manifestierenden Generatoren oder Manifestoren gleichzutun.

Die Schwächen, mit denen du als Projektor umzugehen lernen darfst:

- du verspürst den ständigen Drang nach Anerkennung von anderen
- ein latentes Gefühl der Unvollständigkeit ist zumeist dein Begleiter (aufgrund des Wunsches, dich mit der Energie eines anderen zu verbinden und diese zu lenken)
- du neigst zur Verbitterung, wenn du dich nicht gesehen fühlst
- abzuwarten und dich in Geduld zu üben, kann dir sehr, sehr schwerfallen
- du besitzt nicht viel Ausdauer und Energie, wenn es darum geht, Projekte allein umzusetzen
- wenn du nicht nach deiner Strategie und deiner inneren Autorität lebst, wirkst du auf andere schnell zu bemüht oder bedürftig
- du brauchst auch tagsüber immer mal wieder längere Ruhephasen, um dich zu erholen (dieses Bedürfnis können andere fälschlicherweise als Faulheit oder Trägheit deuten)
- hast du das Gefühl, nicht ausreichend von anderen beachtet zu werden, empfindest du schnell Frust
- du magst es nicht, wenn andere dir sagen, was du zu tun hast
- als Projektor kannst du zwar durchaus allein leben und die meiste Zeit isoliert verbringen, jedoch verhindert dies die volle Entfaltung deines Potenzials (das du durch die energetische Symbiose mit energetischen Human Design Typen erfährst)

Die Stärken, mit denen du als Projektor vom Leben beschenkt wurdest:

- du bist ein hervorragender Anleiter, Anführer, Coach, Manager, Netzwerker und Organisator
- du verstehst es, die Energien anderer sinnvoll zu lenken und zu katalysieren
- wenn du nach deiner Strategie und inneren Autorität lebst, hast du eine heitere, weise und angenehme Art, welche besonders Generatoren und Manifestierende Generatoren äußerst anziehend finden
- andere schätzen dich dafür, dass du ihnen sicher zeigst, wie sie Vorhaben am besten verwirklichen und in die Tat umsetzen können
- wenn du zunächst die Anerkennung von deinen Mitmenschen erhältst, ehe du in Aktion trittst, ist dir ihre anhaltende Bewunderung für dein Sein und deine „Arbeit" sicher
- die Anerkennung von anderen beschert dir immer neue und nachhaltige Höhenflüge und bringt das Beste in dir zum Vorschein

Selbstcoaching Projektor Teil 1:

Beobachte dich während der nächsten sieben Tage sehr genau und nimm noch einmal mehr als bisher Kenntnis von den Situationen, in denen du den Impuls zum Initiieren ohne eine Einladung von außen verspürst. Sei liebevoll zu dir und übe dich im Vertrauen, dass die erwünschte Einladung doch noch kommt. Halte deine Eindrücke schriftlich fest. Falls es zu Situationen kommt, in denen du es nicht geschafft hast, auf die entsprechende Einladung zu warten, schreibe auf, was nach deinem unaufgeforderten Handeln geschehen ist, wie du dich fühlst und wie es um deine Energiereserven steht.

Selbstcoaching Nicht-Projektor Teil 1:

Hast du auch schon einmal jemandem einen Rat gegeben oder ungefragt deine Meinung geäußert, obwohl du nicht speziell darum gebeten wurdest? Es kann sein, dass dieses Verhalten auch einmal auf Wohlwollen und Dankbarkeit stößt. Doch in den meisten Fällen kannst du damit bei anderen nicht nur anecken, sondern verschwendest auch noch unnötig deine wertvolle Lebensenergie. Schreibe in den kommenden sieben Tagen Situationen auf, in denen du den Impuls etwas zu sagen verspürt und gleichzeitig von deiner inneren Autorität wahrgenommen hast, dass Schweigen an dieser Stelle besser ist.

Es bleibt eine Lebensaufgabe für alle Menschen und somit auch Human Design Typen, zwischen der Stimme des Egos und der ihrer inneren Autorität und liebevollen Weisheit zu unterscheiden.

Selbstcoaching Projektor Teil 2:

Nimm dir in den nächsten sieben Tagen an jedem Tag bewusst Zeit dafür zu lernen, zu forschen und zur Ruhe zu kommen. Schreibe auf, wie du dich nach diesen Erholungs- und Studienphasen fühlst und wie es um deine Energiereserven steht.

Selbstcoaching Nicht-Projektor Teil 2:

Auch wenn du zu den Kraftpaketen zählst, die womöglich andauernd Energie zur Verfügung haben, sind Ruhephasen, in denen du allein und lediglich von deiner eigenen Energie umgeben bist, wichtig. Nimm dir die Zeit und lege regelmäßig einen Spaziergang ein, das Ausüben eines Hobbys oder etwas anderes, das du nur für dich und ganz allein tust.

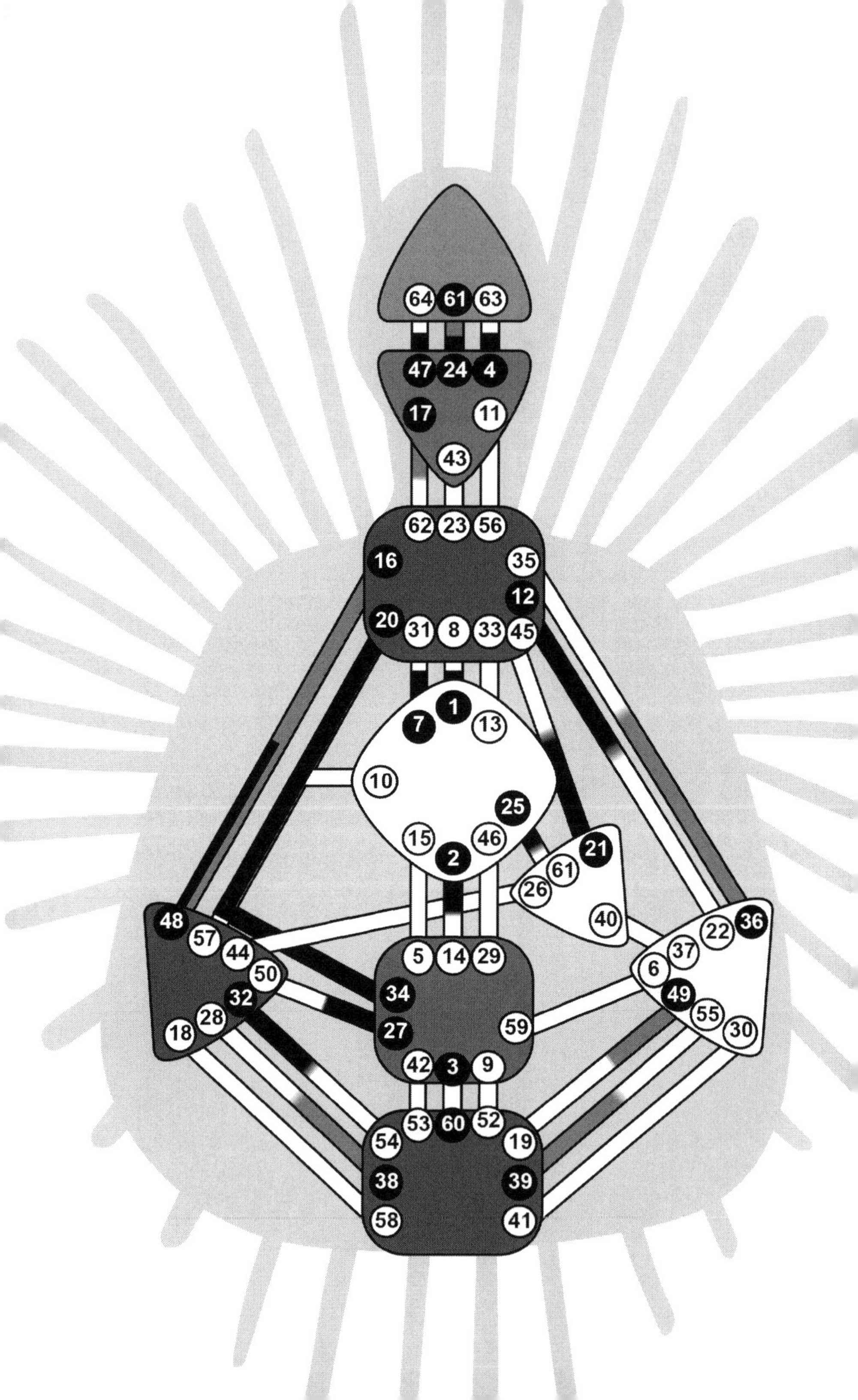
64 61 63
47 24 4
17 11
43
62 23 56
16 35
12
20 31 8 33 45
1
7 13
10
25
15 46
2
21
61
26
40
48
57
44
50
32
28
18
5 14 29
34
27
59
42 3 9
22 36
37
6
49
55
30
53 60 52
54 19
38 39
58 41

Der Manifestierende Generator

Es gibt „reine" Manifestierende Generatoren und solche, die zwar zu diesem Typ im Human Design gehören, jedoch deutlich mehr Generatorenaspekte haben, die in unterschiedlicher Ausprägung von Manifestorenanteilen durchzogen sind. „Reine" Manifestierende Generatoren weisen aktivierte Kanäle 20 – 34 auf.

Einen Manifestierenden Generator zeichnet ein definiertes (eingefärbtes) Sakral-Zentrum aus, sowie eine Verbindung zwischen dem Sakral-Zentrum, dem Herz-Zentrum, dem Wurzelzentrum oder dem Solarplexus-Zentrum zum Kehl-Zentrum. Gehörst du zu diesen Typen, verfügst du über ausgesprochen viel Energie. Wenn du diese Energie richtig nutzt, fühlst du dich zufrieden und ausgeglichen. Wie beim Human Design Typ Generator kommt es auch bei dir darauf an, dass du vor Entscheidungen deine Bauchreaktion abwartest. Allerdings kannst du, im Gegensatz zu dem erwähnten Typ, durchaus auch Dinge selbst einleiten und in die Hand nehmen, ohne zuvor eine Einladung vom Leben abzuwarten. Zu bedenken ist jedoch, dass du dieses Initiieren stets aus deinem Bauchgefühl heraus machen solltest und nicht, indem du auf deine geistigen Ressourcen zurückgreifst. Andernfalls kannst du nicht auf deine gesamte Energie aus dem Sakral-Zentrum zurückgreifen – und diese ist unerlässlich für die erfolgreiche Umsetzung eines Vorhabens. Wenn du mit dem Kopf durch die Wand willst, indem du mental initiierst, begegnen dir vom Leben selbst und deinen Mitmenschen große Widerstände. Dies wiederum führt zu Frust und Wut in dir. Außerdem neigst du, geleitet durch deinen Verstand, dazu, wegen deiner großen Energie von anderen ausgenutzt zu werden.

Manifestierende Generatoren werden nicht selten als Manifestoren in der Wartehaltung beschrieben. Denn im Gegensatz zu Manifestoren, die immer und sofort direkt loslegen können, sind Manifestierende Generatoren auf das Abwarten ihrer Bauchreaktion *angewiesen.*

Wenn sich dir als Manifestierender Generator eine dir großartig erscheinende Gelegenheit bietet, etwas Bestimmtes zu tun, solltest du dies zunächst in kleinen Schritten austesten. So bestärkt sich dein anfängliches Ja-Bauchgefühl – oder es verfliegt und wird zu einem klaren Nein.

Als Manifestierender Generator passiert es dir oft, dass du (beruhend auf deiner Bauchreaktion) zu einer Einladung Ja sagst und dann, wenn etwas Zeit vergangen ist, auf einmal merkst, dass du doch keine Lust mehr darauf hast. Für andere Human Design Typen kann das schwer nachzuvollziehen und Ursache für so manchen Streit sein.

Bist du dir als Manifestierender Generator über diesen dir innewohnenden Wesenszug vollends bewusst, kannst du die Strategie des vorsichtigen Austestens nutzen, bis du Klarheit erlangst.

Wenn reine Generatoren einmal zu etwas Ja sagen und sich in Bewegung setzen, ziehen sie aufgrund ihrer dem Generatoren Typ entsprechenden Dynamik die Sache unabhängig von ihren Gefühlen durch. Manifestierende Generatoren sind da anders gestrickt. Wenn ein leicht zeitverzögertes Nein in ihrem Bauch aufkommt, ist dies wie ein riesengroßes rotes Stoppschild, das sie einfach nicht übersehen können – und ihrer Gesundheit und ihres Wohlbefindens zu Liebe auch nicht sollten.

Im Gegensatz zu Generatoren haben sie die Fähigkeit, auch bei bereits vollem Einsatz ihrer Energie wieder anzuhalten und umzukehren. Das liegt an den Anteilen des Manifestoren in ihrem Inneren, die es zu jeder Zeit erlauben, eine Korrektur des Kurses vorzunehmen.

Manifestierende Generatoren müssen unbedingt ins Bett gehen, bevor sie müde sind. Nur dann können sie sich während des Schlafes wieder vollständig erholen. Es ist außerdem wichtig für diese Human Design Typen, dass sie allein schlafen und bei ihrer Erholung nicht von anderen Energien gestört werden.

Als Manifestierender Generator werkelst du vermutlich meist an mehreren Projekten gleichzeitig und bist immerzu für Neues zu begeistern. Es ist eine deiner Aufgaben im Leben, deinen Wunsch nach Manifestation und das Warten auf die Einladung vom Leben miteinander in Einklang zu bringen. Kurz: Um glücklich und erfüllt zu leben, musst du dich in Geduld üben. Auch in Beziehungen solltest du bedenken, dass nicht unbedingt du derjenige Mensch sein musst, der den ersten Schritt macht. Im Job und was deine Berufung angeht, verhält es sich genauso. Vergiss alles, was du über Beharrlichkeit und *Man muss das Eisen schmieden, solange es noch heiß ist* gehört hast.

Wenn du alles selbst in die Hand nimmst, ohne eine vorherige Einladung, deine Bauchreaktion Nummer eins und zwei abzuwarten, wird es schiefgehen. Diese Einladung muss nicht zwangsläufig in Worten oder einem direkten Stellenangebot erfolgen. Es kann sich auch um einen Blick, ein Lächeln oder ein Prospekt mit deinem Traumjob handeln, das in deinem Briefkasten gesteckt hat. Prüfe anschließend, was dein Bauch dazu sagt. Dann ist es an dir, die jeweilige Sache zaghaft auszuprobieren und zu schauen, ob dein Bauch nun immer noch ein klares Ja kommuniziert. Das Ausprobieren kann auch bedeuten, dass du dies lediglich in deiner Vorstellung tust, wenn es anders nicht möglich ist. Hast du dieses zweite Ja erhalten, bist du als Manifestierender Generator kaum noch aufzuhalten! Andere bewundern dich für deine Entschlossenheit, Energie und Schnelligkeit. Im Gegensatz zum Manifestor bist du allerdings weniger unberechenbar und flatterhaft. Manifestierende Generatoren sind die geborenen Selbstständigen, denn sie lieben neue Herausforderungen. Auch in übergeordneten Führungspositionen werden sie manchmal glücklich. Wichtig ist, dass sie stets viel Freiheit und auch Flexibilität genießen. Manifestierende Generatoren laufen Gefahr, immer ein wenig zerrissen zu sein, wenn sie nicht nach ihrer Strategie und inneren Autorität leben.

Wissen sie, dass sie vom Leben reich belohnt werden, wenn sie sich geduldig im Warten zeigen, bevor sie ihre Energie in eine bestimmte Sache hineingeben, wird ihr Alltag und das Erreichen ihrer Ziele so viel leichter! Sie müssen auf das Leben reagieren und können dann, anders als Generatoren, sehr schnell handeln, wenn sie mit etwas Abstand und Ausprobieren zwei Ja-Bauchreaktionen erhalten haben. Aus ihrem Sakral-Zentrum schöpfen sie ihre unbändige Lebenskraft. Sie dürfen lernen, nicht aus der Angst heraus, ohne diese Einladung zu initiieren, nur weil sie befürchten, dass sich in ihrem Leben ansonsten nichts tut.

Wenn du als Manifestierender Generator das Warten lernst, ziehst du automatisch alle Umstände und Menschen an, die dir guttun und dich auf deinem Seelenweg voranbringen und nähren. Wie Generatoren müssen sie sich besonders oft daran erinnern, im Hier und Jetzt zu leben – und in diesem gegenwärtigen Moment auf das Leben zu regieren (statt mit ihren Gedanken in der Zukunft zu schwelgen und unruhig zu werden).

Eine deutliche und faszinierende Bestätigung fürs Handeln im Fluss des Universums sind Synchronizitäten. Du kennst das vielleicht: Manchmal geschieht alles wie von selbst, das Leben erscheint dir regelrecht magisch und du hast eine Glückssträhne nach der anderen. Es gibt Manifestierende Generatoren mit sakraler und solche mit emotionaler Autorität.

Die Schwächen, mit denen du als Manifestierender Generator umzugehen lernen darfst:

- du bist oft ungeduldig
- deine sprunghafte Art (eben noch Ja zu einer Unternehmung, eine halbe Stunde später Nein) kann insbesondere Projektoren und Generatoren schnell auf die Palme bringen
- wenn du, ohne die Einladung vom Leben oder von anderen Menschen und deine innere Autorität zu beachten, initiierst, gehen deine Unternehmungen häufig schief oder du fühlst dich frustriert oder sogar wütend
- wenn du nicht auf dein Bauchgefühl achtest, läufst du Gefahr, von anderen aufgrund deiner Energie ausgenutzt zu werden

Die Stärken, mit denen du als Manifestierender Generator vom Leben beschenkt wurdest:

- du bist ein wahres Kraftpaket mit einer beinahe unerschöpflichen Energie
- wenn du auf dein Bauchgefühl und auf die Einladung des Lebens oder deiner Mitmenschen hörst, bist du im Fluss und ziehst den Erfolg und ein erfülltes Leben magisch an
- du kannst sehr schnell loslegen – egal worum es geht
- du verfügst (anders als reine Generatoren) über die Fähigkeit, auch nach dem vollen Einsatz deiner Energie noch leicht die Richtung zu wechseln, wenn es notwendig ist
- wenn du in deiner Kraft bist, deine Strategie und innere Autorität lebst, wirkst du überaus anziehend auf andere Human Design Typen

Selbstcoaching Manifestierender Generator Teil 1:

Halte während der nächsten sieben Tage bewusst jeden Tag mehrfach inne und fühle nach, ob dich die gerade ausgeführte Tätigkeit erfüllt. Ja? Prima! Nein? Überlege, inwieweit du die Beschäftigung oder das Beisammensein mit einer bestimmten Person eigenständig und aus dem Kopf heraus initiiert hast, statt auf die Einladung und die Stimme deines Bauches zu warten. Halte deine Beobachtungen und Gedanken dazu schriftlich fest.

Selbstcoaching Nicht-Manifestierender Generator Teil 1:

Ungeduld ist etwas, das wohl jeder Mensch kennt. Ist jemand ungeduldig, so können wir das meistens belächelnd und als mehr oder weniger charmante Charaktereigenschaft abtun. Dabei steht hinter Ungeduld eine sehr wichtige Botschaft, die bei Nichtbeachtung unser gesamtes Sein sabotieren kann: ein Mangel an Vertrauen an das Leben und in sich selbst.

Schreibe in den nächsten sieben Tagen alle Situationen auf, in denen du Zweifel daran verspürst, dass die Dinge richtig für dich laufen oder gut ausgehen werden. Erinnere dich in diesen Situationen, dass du dich auf dich als Leitsystem auf zweierlei Arten stets verlassen kannst: dein Herz und deine innere Autorität.

Selbstcoaching Manifestierender Generator Teil 2:

Schlafe bei wichtigen Entscheidungen erst einmal eine Nacht darüber und fühle nach, was dein Bauchgefühl am nächsten Morgen zu sagen hat. Ist es immer noch ein klares Ja?

Selbstcoaching Nicht-Manifestierender Generator Teil 2:

Gibt es in deinem Umfeld Menschen, bei denen du das Gefühl hast, sie missbrauchen deine Energie (unbeabsichtigt oder beabsichtigt)? Falls dem so ist, kannst du das von nun an (liebevoll) unterbinden und dir deine Energie zurück für dich und deine Projekte holen!

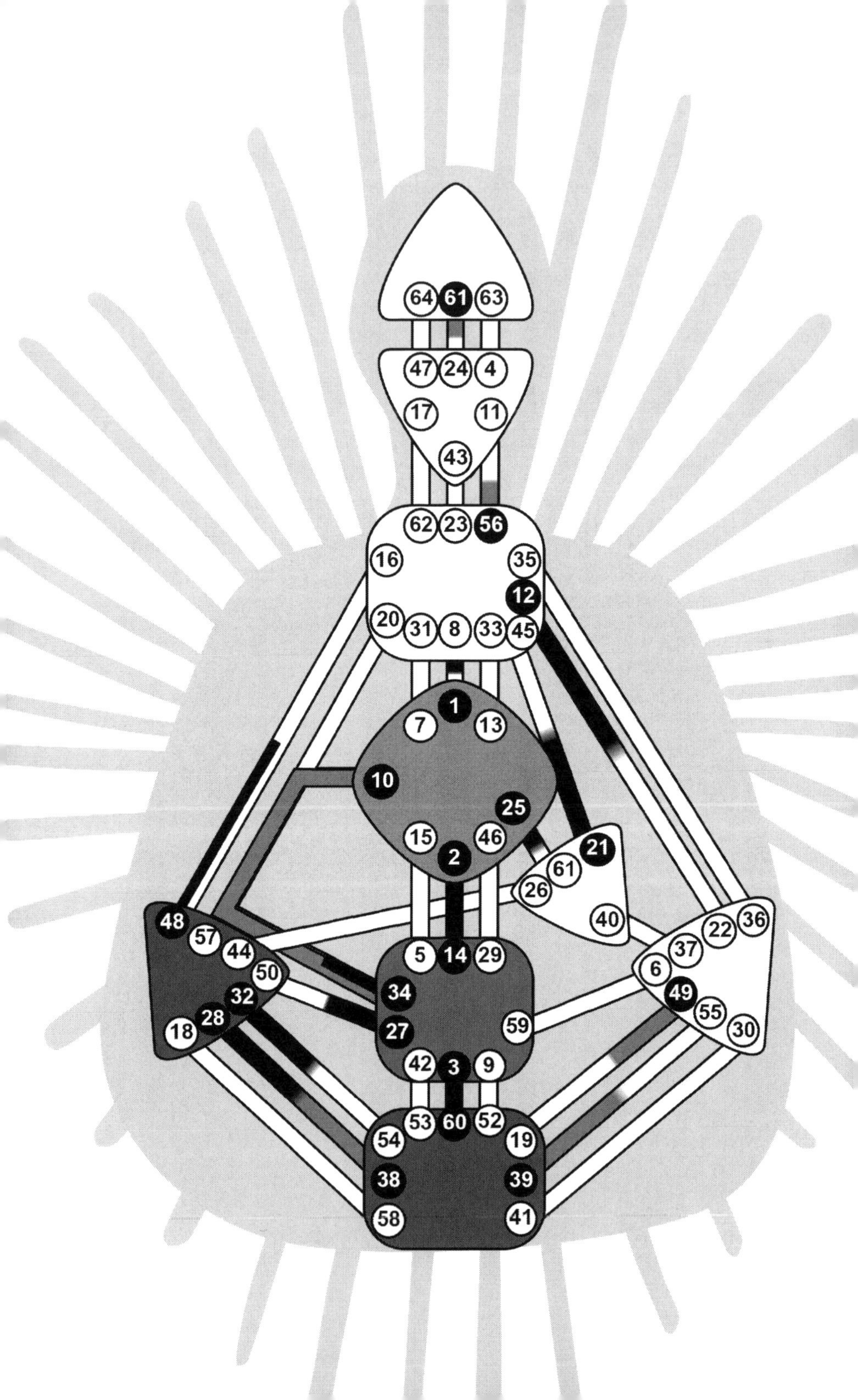
64 61 63
47 24 4
17 11
43
62 23 56
16 35
12
20 31 8 33 45
1
7 13
10
25
15 46
2
21
61
26
40
48
57
44
50
32
28
18
22 36
37
6
49
55
30
5 14 29
34
27
59
42 3 9
53 60 52
54 19
38 39
58 41

Der Generator

Generatoren machen den Großteil der Menschen aus. Sie sind für ihre große Arbeitskraft und ihr starkes Durchhaltevermögen bekannt. Bist auch du ein Generator, hast du eine offene Aura, die sehr einnehmend ist. Ihre große Kraft schöpfen Generatoren aus ihrem Sakral-Zentrum. Dieses steht außerdem auch für die Sexualität und die Fortführung der menschlichen Art. Wie Manifestierende Generatoren müssen auch Generatoren lernen, auf ihr Bauchgefühl zu hören. Eine weitere große Herausforderung für diesen Human Design Typ ist es, nicht eigenständig ihr Handeln einzuleiten, sondern auf die Einladung der Welt und der anderen Menschen zu warten. Zumeist haben sie ebenso wie die Manifestierenden Generatoren Angst, ohne einleitendes Tun könnte nichts in ihrem Leben geschehen und sie würden auf der Strecke bleiben. Diese Angst entbehrt jedoch jedweder Grundlage, denn die Aura eines Generators ist derart verlockend, dass sie mit ein wenig Geduld eine Gelegenheit nach der anderen anzieht. Die Besonderheit der Generatoren ist, dass keines ihrer Motorenzentren (Herz-Zentrum, Wurzelzentrum, Solarplexus, Sakral-Zentrum) mit dem Kehl-Zentrum verbunden ist.

Als Generator ist es schwierig für dich, erst einmal in Gang zu kommen. Aber wenn du diese Hürde genommen hast, bist du dank deiner außerordentlichen Energie unaufhaltsam. Zu warten und erst *dann* zu reagieren und anzufangen, gehört zu deiner Strategie. Wenn ein Generator erst einmal angefangen und seine Energie eingebracht hat, ist er überaus effektiv und hält länger als alle anderen durch.

Wenn du dieser Typ bist, musst du dir hinter die Ohren schreiben, mit dem Jagen von Dingen, Menschen oder Umständen aufzuhören. Denn genau das ist der Grund, warum anderen viel mehr gelingt als dir. Diese anderen Human Design Typen haben nämlich gelernt, nach ihrer Strategie zu leben und ihrer inneren Autorität zu vertrauen. Für dich als Generator ist es von größter Bedeutung, dass du nicht selbst aufbrichst und dieses oder jenes in die Wege leitest. Warte stattdessen ab und reagiere! Das ist die geheime Zutat für dein Glück! Hör auf, dich in Windeseile für alles und jeden einzusetzen. Denn das ist der kürzeste Weg, um dich frustriert und mit verschwendeter Lebenskraft zurückzulassen. Was für dich als Generator richtig ist, sind die Möglichkeiten, die sich spielerisch anfühlen und wie von allein ihren Weg von dir finden (ohne, dass du sie kraftvoll zu dir heranziehen musst). Ergeben sich Chancen für dich, kannst du dich auf deine innere Autorität verlassen, die dir sagt, welche die richtige für dich ist und von welcher du lieber die Finger lassen solltest.

Deine innere Autorität, dein Bauchgefühl, meldet sich womöglich mit einem Zusammenziehen oder einem Gefühl der Weite, mit einem Kribbeln, einem leisen Mhm-Ja oder einem klaren Nein. Mit ein bisschen Übung wirst du schnell besser darin, genau hinzuhören und zu fühlen!

Erinnere dich fortwährend daran, wie wichtig es für dich ist, auf deinen Bauch zu hören. Denn hast du dich erst einmal auf einen Menschen oder eine Sache eingelassen, ist es für dich sehr, sehr schwer noch einmal zurückzurudern (im Gegensatz zum Manifestierenden Generator). Deine starke Eigendynamik treibt dich dazu an, die jeweilige Erfahrung zu Ende zu führen – völlig egal, ob sie dir gefällt oder nicht. Das führt zu weiterem inneren Frust und einem unausgefüllten Leben.

Als Generator kommst du am besten mit geschlossenen Ja-/Nein-Fragen zurecht, bei denen du deine Bauchreaktion besonders leicht wahrnehmen kannst. Wie beim Manifestierenden Generator gibt es auch beim reinen Generator sakral und emotional gesteuerte. Für Generatoren empfiehlt es sich, vor dem Schlafengehen richtig auszupowern. So können sie sich nachts vollständig regenerieren und ihre Batterien wieder aufladen.

Die Schwächen, mit denen du als Generator umzugehen lernen darfst:

- wenn du nicht auf deine Bauchreaktion hörst, läufst du Gefahr, ständig mit irgendwelchen Projekten oder Menschen beschäftigt zu sein, die dich im Leben nicht weiterbringen und sich eigentlich auch nicht gut für dich anfühlen
- du hast viel Lebenskraft, die du unbedingt einsetzen willst – aber nicht solltest, sofern du keine Einladung vom Leben dafür erhältst; es gilt abzuwarten
- hast du dich erst einmal auf einen Menschen oder eine Sache eingelassen, ziehst du sie für gewöhnlich unabhängig von deinem Befinden durch (selbst, wenn du es eigentlich gar nicht mehr möchtest)
- berücksichtigst du weder deine Strategie noch deine innere Autorität, wirst du rasch zu jedermanns Sklave

Die Stärken, mit denen du als Generator vom Leben beschenkt wurdest:

- deine Energie und Tatkraft wirken sehr anziehend auf andere Human Design Typen
- du strotzt nur so vor Vitalität und Lebenskraft
- wenn du nach deiner Strategie und inneren Autorität lebst, gehörst du zu der energetisch mächtigsten Art von Menschen
- durch deine Generatorenenergie kannst du mehr leisten und länger durchhalten als alle anderen
- dir wohnt eine nahezu unerschöpfliche Energie inne, die gebraucht werden möchte
- übst du dich im Warten, wirst du genau die passenden Menschen und Situationen für dich anziehen und ein hochbefriedigendes Leben führen

Selbstcoaching Generator Teil 1:

Reflektiere deine letzten drei bis sechs Monate und schreibe auf, in welchen Momenten du deine Bauchreaktion übergangen und Dinge oder Menschen an dich gerissen hast, eingesprungen bist, die ganze Arbeit allein übernommen hast (aus dem Gefühl heraus, etwas mit deiner Energie anfangen zu wollen oder womöglich auch, weil du dachtest, dass es ansonsten niemand tut).

Übe dich anschließend während der nächsten sieben Tage bewusst im Warten – auch wenn es dir sehr schwerfällt.

Schreibe deine Gefühle und Gedanken zu den Situationen auf, in denen dir Chancen „einfach so" in den Schoß gefallen sind, die sich auch für deinen Bauch fantastisch angefühlt haben.

Selbstcoaching Nicht-Generator Teil 1:

Schreibe auf, für welche zukünftigen Projekte und Menschen du mehr deiner Energie zur Verfügung stellen möchtest. Wenn du zu den Projektoren oder Reflektoren gehörst, halte noch einmal fest, welche Energie sich in Bezug auf eine bestimmte Person, Umgebung oder Arbeit für dich gut und belebend anfühlt.

Im Leben kommt es für uns als Menschen letztlich immer wieder darauf an, die Grundschritte auf unser eigenes Sein, Denken, Fühlen und Handeln, sowie im Umgang mit anderen zu üben. Leider bekommen wir dies (noch) nicht in der Schule beigebracht. Klopfe dir an dieser Stelle ruhig noch einmal auf die Schulter dafür, dass du bereit bist, mit dem Durcharbeiten dieses Buches dein Glück selbst in die Hand zu nehmen!

Selbstcoaching Generator Teil 2:

Geduldig Sein und Warten lassen sich üben. Mache jeden Tag kleine Challenges aus den Momenten, in denen du gerne handeln würdest, jedoch besser warten „solltest". Das Warten gleicht anfangs für dich einem energetischen Luftanhalten, für das du eine gewisse Anstrengung aufbringen musst.

Mit der Zeit wird es jedoch immer spielerischer, denn durch deine Erfolge mit dieser Strategie gewinnst du mehr und mehr Vertrauen in sie, in das Leben und in dich selbst.

Selbstcoaching Nicht-Generator Teil 2:

Du stehst an der Kasse, sitzt im Wartezimmer beim Zahnarzt oder hängst in der Schleife bei deinem Telefonanbieter fest? Solche Augenblicke können nerven – müssen aber nicht! Konzentriere dich auf deine Atmung, zähle, mache dir das Ein- und Ausatmen bewusst, das Heben und Senken deines Brustkorbes oder deines Bauches, die Qualität der Luft, die Empfindungen in deinem Körper. All das hilft, aus deinem Kopf heraus in deinen Körper und zurück in den gegenwärtigen Moment zu gelangen. So übst du es, dich fortwährend mit deiner Lebensenergie und dem Universum zu verbinden.

SCHRITT 3

DIE 9 ZENTREN

Die 9 Zentren im Human Design haben weniger mit einem ihnen zugeordneten Organ, einer Drüse im Körper und vielmehr mit bestimmten Energiebereichen zu tun, die zu dir gehören. Wie schon weiter vorne erwähnt, haben sie eine gewisse Ähnlichkeit mit der Chakrenlehre. Sie tauschen sich untereinander und mit den Energiezentren anderer Menschen aus. Kennst du das Gefühl, dich ohne ersichtlichen Grund zu einer Person hingezogen zu fühlen? Das hat etwas mit deinen und den Energiezentren des anderen Menschen zu tun! Indem du dich mit deinen eigenen Energiezentren beschäftigst, verstehst du mit der Zeit auch die Dynamiken derer deiner Mitmenschen besser. Das wiederum wirkt sich positiv auf deine Beziehungen und deine Zufriedenheit aus.

Deine Energiezentren sind nicht nur mit deinem physischen Körper, sondern auch mit dem Universum verbunden. Das Human Design System unterscheidet zwischen offenen (eingefärbten) und definierten (nicht eingefärbten/definierten) Energiezentren.

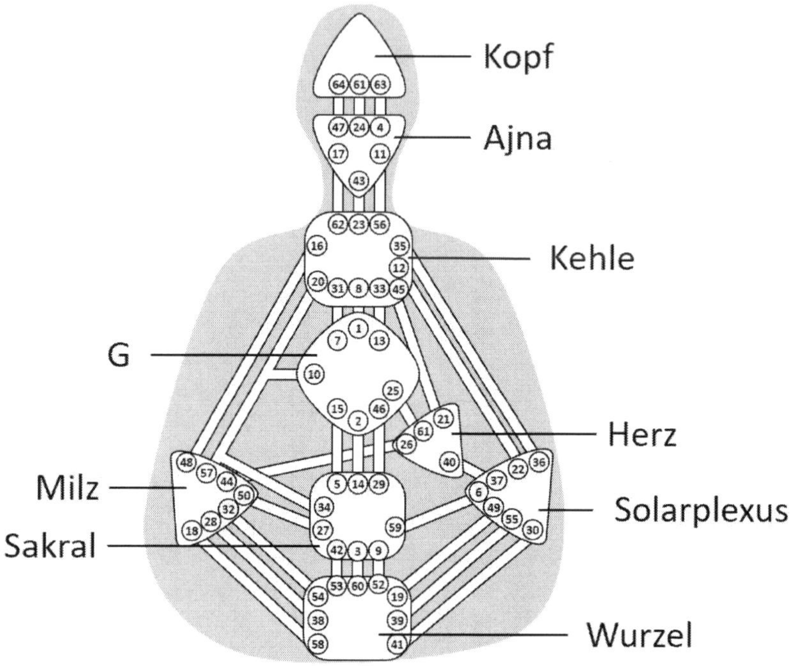

Ein definiertes (eingefärbtes) Zentrum bedeutet, dass dein Erleben und Handeln (oder zumindest eine Tendenz) in diesem Bereich festgelegt und konstant sind. Die jeweiligen Merkmale gehören zu deiner Persönlichkeit, sind verlässlich und untrennbar mit dir verbunden. Du strahlst in diesen Zentren eine immer gleichbleibende energetische Frequenz aus.

Ganz anders sieht es bei einem offenen (nicht definierten) Zentrum aus. In diesen Bereichen wirst du nämlich besonders stark von den Energien anderer Menschen beeinflusst, die genau das entsprechende Zentrum definiert haben. Verbringst du mit diesen Menschen Zeit, adaptierst du deren Energie bis zu einem gewissen Grad. Weißt du um diese Beeinflussung, fällt es dir leichter, einmal tief durchzuatmen und dir all das, was nicht dir, sondern dem anderen entspricht, bewusst zu machen. Auf diese Weise wirst du zum Beobachter und kannst aus der Erfahrung Nutzen und Weisheit ziehen, ohne dich von ihr verschlingen zu lassen. Je nachdem, mit wem du zusammen bist, verändern sich deine das jeweilige offene (nicht definierte) Energiezentrum entsprechenden Eigenschaften. Undefinierte Zentren stehen außerdem für besonders viel Mitgefühl und Aufgeschlossenheit.

Das Kopf-Zentrum - Die Krone (Inspiration)

Das Kronen-Zentrum steht für Inspiration und steht in Zusammenhang mit der Zirbeldrüse. Sie ist deine direkteste Verbindung zum Universum. Alle Informationen und Weisheiten, welche die Krone erhält, leitet sie an den Verstand weiter. Sie zählt zu den Druckzentren im Human Design, denn von ihr geht ein beständiger Druck, den Sinn im menschlichen Sein zu finden, aus.

Ein offenes Kronen-Zentrum bedeutet:
Egal, wohin du gehst oder wie viel Uhr es ist: Du bist stets aufgeschlossen für Inspiration! Du wirst von den Gedanken und Gefühlen anderer beeinflusst und von ihren kreativen Ergüssen inspiriert. Du liebst es, in andere Welten und Köpfe einzutauchen und bist fasziniert von der Vielfalt der Ideen und Kreativität. Der Nachteil ist, dass du dazu neigst, dir viel zu sehr über dich umgebende Personen, ihre Probleme und Ansichten den Kopf zu zerbrechen. Falls du nicht aufpasst, kann es schnell geschehen, dass du in Wahrheit gar nicht dein eigenes Leben (nach deinen eigenen Vorlieben und Bedürfnissen), sondern das eines anderen lebst. Achte auf deine Energie und lass dich nur von den Dingen inspirieren und in Fragestellungen sowie Diskussionen hineinziehen, an denen du ernsthaft interessiert bist. Ein offenes Zentrum bringt immer auch viel Weisheit mit sich, wenn diese Offenheit gelebt und mit einer großen Portion Gelassenheit versehen wird.

Eine definierte Krone bedeutet:
Wahrscheinlich neigst du dazu, fortwährend mit deinen Gedanken zu hadern und dem ständigen Strom auch einmal Einhalt zu gebieten. Eine definierte Krone bedeutet immer auch, dass du einen definierten Verstand hast. Sind diese beiden Zentren definiert, kommst du nur schwerlich umhin, ständig nachzudenken, zu grübeln und nach den neuesten Erkenntnishäppchen zu suchen. Vermutlich bist du sehr klug, belesen, kommst bei deinen Mitmenschen genau deshalb sehr gut an und erntest viel Bewunderung für dein schlaues Köpfchen. In dir wohnt das Bedürfnis nach Verständnis (am liebsten von allem und jedem). Das kann mitunter recht kräftezehrend sein, weshalb du aufpassen musst, mental nicht auszubrennen. Wenn du dir dessen gewahr bist, fällt es dir leichter, auf dich und deine geistige Gesundheit zu achten – und dich über die Augenblicke zu freuen, in denen dein scharfes Nachdenken zu fantastischen und befriedigenden Erkenntnissen führt.

Das Ajna-Zentrum - Der Verstand (Denken, Logik)

In diesem Zentrum geht es um das Denken. Als Menschen sind wir die meiste Zeit des Tages damit beschäftigt. Unser tägliches Leben, der Berufsalltag usw. werden von bestimmten strukturellen Prozessen, logischem Denken, Daten und Fakten bestimmt. Das Ajna-Zentrum gehört zu den drei Bewusstseinszentren im Human Design und befindet sich direkt unter dem Kronen-Zentrum.

Bei etwas weniger als der Hälfte aller Menschen ist der Verstand definiert. Das bedeutet, dass die Hirne dieser Personen unentwegt arbeiten – sie denken sehr viel.

Bei den Menschen mit einem nicht definierten Ajna-Zentrum wechselt sich das Denken immer wieder mit starken Momenten der Klarheit ab. Sie neigen außerdem immer mal wieder dazu, gedanklich abwesend zu sein, was wiederum zu Vergesslichkeit führen und auf solche mit definiertem Ajna-Zentrum leicht zerstreut wirken kann.

Das Kehl-Zentrum (Ausdruck)

Das Kehl-Zentrum gehört, genau wie das Kronen- und das Wurzel-Zentrum, zu den Druck-Zentren im Human Design System. Durch dieses Zentrum findet die Manifestation statt. Du kannst dir das so vorstellen, dass Energien aus den „unteren" Zentren auf das Kehl-Zentrum einströmen und dort zum Ausdruck kommen. Dieser Ausdruck meint das Sprechen, Schreiben, Singen, Kreatives oder auch Bewegung.

Die überwiegende Mehrheit der Menschen hat ein definiertes Kehl-Zentrum, was bedeutet, dass sie auf ihre eigene Weise reden und sich ausdrücken. Die Art dies zu tun, bleibt überwiegend gleich – unabhängig davon, mit wem sie gerade zusammen sind. Diese Personen lieben es, zu reden und Gehör zu finden.

Gehörst du zu den Menschen, die kein definiertes Kehl-Zentrum haben, hast du die Gabe, deine Ausdrucksweise besonders gut an die Kommunikationsweise der dich jeweils umgebenden Mitmenschen anzupassen. Allerdings kommt es auch ab und zu vor, dass du nicht sofort die passenden Worte findest und oder regelrecht eine Zeit lang sprachlos bist. Auch unpassendes Sprechen oder zu viel kann vorkommen. Besonders in diesen Phasen und Momenten fühlst du dich mitunter regelrecht zu Menschen mit definiertem Zentrum hingezogen.

Das G-Zentrum (Identität, Selbst, Richtung, universelle Liebe)

Das G-Zentrum beheimatet deine Selbstliebe und ist gleichzeitig der Ursprung deiner Liebe für andere und die Welt. Dabei handelt es sich um eine umfassende, göttliche, grenzen- und bedingungslose Liebe, die nichts mit einem schnellen Verknalltsein oder einer flüchtigen Schwärmerei oder im Kern belanglosen Begeisterung zu tun hat.

Es steht für deine Verbindung zu deinem Allmachtsselbst (oder auch höherem Selbst), zu Gott (so wie du ihn verstehst) und deiner Seele. Von manchen wird es daher auch als Gottes-Zentrum bezeichnet.

Mit einem definierten Zentrum hast du ein tiefes Gefühl dessen, wer du bist und wo du im Leben hin möchtest. Du fühlst dich vom Leben (und Universum) geführt. Dennoch kann dir auch dieses Gefühl abhandenkommen, wenn du zu sehr auf die Meinungen und Ratschläge anderer hörst (statt im Vertrauen zu sein, was dein eigenes Gefühl angeht).

Hast du ein undefiniertes G-Zentrum, stellst du dir häufig die Frage, was du eigentlich vom Leben möchtest und wer du bist. Deine Antworten können sehr wechselhaft ausfallen, abhängig davon, in welcher Stimmung, Umgebung und mit wem du gerade zusammen bist. Diese Wechselhaftigkeit, auf dein eigenes Sein und deine innere Führung bezogen, kann recht verwirrend sein.

Diese Verunsicherung weilt jedoch nur kurz, wenn du dich immer wieder auf die Strategie deines Human Design Typs und deine innere Autorität besinnst.

Das Herz-Zentrum (Willensstärke)

Im Human Design System steht das Herz-Zentrum für deinen Willen, dein Ego und dein Selbstwertgefühl. Das Sich-Wertvollfühlen hat dabei nicht nur etwas mit dem inneren Gefühl auf die eigene Person zu tun, sondern bezieht sich auch auf das äußere Erscheinungsbild, den Beruf, Geld, die Beziehungen und den jeweiligen Lebensstil.

Auch das, was du dir in deinem tiefsten Herzen wünschst, wird mit diesem Zentrum assoziiert.

Knapp vierzig Prozent der Menschen haben ein definiertes Herz-Zentrum und verfügen somit auch über einen äußerst starken Willen. Sie beenden, was sie angefangen haben, ziehen es durch, gehen ihren eigenen Weg, egal, wie beschwerlich er auch sein mag.

Das ist etwas Großartiges, bringt aber auch die Gefahr der Überlastung und des Ausbrennens mit sich. Daher sollten auch sie immer wieder auf ihre innere Autorität hören und nachfühlen, wann und ob sie eine Pause zum Erholen brauchen.

Ein nicht definiertes Herz-Zentrum steht für ein geringes Selbstbewusstsein. Der eigene Wert wird bewusst oder unbewusst als nicht besonders hoch eingeschätzt, was zu allerlei Problemen im Beruf sowie in romantischen Beziehungen und Freundschaften führen kann. Diese Menschen dürfen sich fortwährend daran erinnern, wie liebevoll wichtig und wertvoll sie sind.

Das Milz-Zentrum (Intuition und Überleben)

Im Milz-Zentrum sind deine Urinstinkte, deine Intuition und dein Überlebenswille beheimatet. Es ist wahnsinnig schnell darin, Erlebtes zu verarbeiten und dir eine klare Botschaft zukommen zu lassen.

Dabei ist es mit seiner Geschwindigkeit dem Verstand um ein Vielfaches voraus. Es zählt zu den drei Bewusstseinszentren im Human Design und ist mitverantwortlich für dein Wohlbefinden.

Ist dein Milz-Zentrum definiert, verfügst du über ein hohes Maß an Spontanität, ausgeprägte Reflexe und einen fabelhaften Instinkt. Du kannst Gefahr buchstäblich riechen, weißt auf drei Meter Entfernung, ob dir jemand wohl- oder feindlich gesonnen ist und spürst genau, wenn dir dein Partner oder deine Partnerin etwas verheimlicht.

Ohne ein definiertes Zentrum kannst du dich nicht immer auf diese Warnsignale deines Organismus verlassen. Manchmal hast du einen guten Draht zu ihnen – ein anderes Mal nicht. Diese Unbeständigkeit kann dazu führen, dass du immer mal wieder leicht ängstlich oder gar misstrauisch bist. Wendest du jedoch deine Strategie an und vertraust auf deine innere Autorität, gibt es dafür keinen Grund!

DAS SOLARPLEXUS-ZENTRUM (EMOTIONEN)

Im Solarplexus finden sich deine Emotionen wieder. Daher wird dieses Zentrum auch oft Emotions-Zentrum genannt. Hieraus gehen Freude, Ärger, Enthusiasmus, Wut, Trauer und Glücksgefühle hervor. Lokalisieren kannst du es im Mittelbauch, bzw. Oberbauch. Das Solarplexus-Zentrum steht auch für deine emotionale Bewusstheit. Es kann sehr einnehmend sein mit seinen starken Emotionen, die dich zuweilen wie eine Welle umstoßen oder auch tragen können.

Hast du ein definiertes Solarplexus-Zentrum, so ist dieses deine innere Autorität und eine der Herausforderungen in deinem Leben ist es, nicht zu entscheiden, wenn du dich inmitten einer solchen emotionalen Welle befindest. Stattdessen solltest du abwarten, bis die Welle vorüber und eine tiefe Klarheit eingetreten ist.

Ohne ein definiertes Solarplexus-Zentrum neigst du besonders stark dazu, die Gefühle der dich umgebenden Menschen in dich aufzunehmen und dich von ihnen beeinflussen zu lassen. Achte daher stets gut auf dich, tritt einen Schritt zurück und mache dir bewusst, welche Emotionen wirklich zu dir und welche zu den anderen gehören.

Das Sakral-Zentrum (Lebenskraft)

Auf der Höhe deiner Geschlechtsorgane befindet sich auch dein Sakral-Zentrum. Es gehört zu den Motoren-Zentren. Im Lateinischen bedeutet „Sakral" auch „heilig". Es ist der Sitz deiner Lebenskraft und steht somit für das Erschaffen von Neuem. Damit können Gegenstände, Situationen oder auch das Leben selbst gemeint sein. Es wird daher mit einer starken sexuellen Energie in Verbindung gebracht und wenn dein Zentrum definiert ist, gehörst du zu der Mehrzahl der Menschen. Du besitzt viel Durchhaltevermögen und liebst es, zum Wachsen von Dingen (oder Projekten) beizutragen und deine ganze besondere Energie in die Welt hinaus zu bringen und sie mit ihr zu teilen.

Verfügst du über kein definiertes Sakral-Zentrum steht dir weniger Lebensenergie zur Verfügung. Du musst öfter Pausen machen und bist nicht gerade dafür bekannt, besonders lange und hart zu arbeiten. Dafür wirst du stark von den Energien von Menschen mit definiertem Sakral-Zentrum beeinflusst. Sind sie in der Nähe, hast du gleich viel mehr eigene Energie. Jedoch ist diese nicht verlässlich, bzw. immer von dem Kommen und Gehen der Personen in deinem Leben abhängig.

Das Wurzel-Zentrum (Erdung)

Das Wurzel-Zentrum gehört zu den Druck- sowie den Motoren-Zentren im Human Design. Es ist wie eine sichere Basis, die dich erdet, dir Schutz und Sicherheit bringt und dich in stürmischen Zeiten beruhigt sowie dir Halt gibt. Es hat eine direkte Verbindung zu deinem Stress- und Nervensystem und ist somit auch für deinen inneren Antrieb verantwortlich.

Mit einem definierten Wurzel-Zentrum fällt es dir deutlich leichter, dich dem stressigen Alltag der heutigen Welt zu stellen. Du spürst die Erdung deines Zentrums und weißt, dass du trotz allem, was im jeweiligen Moment im Außen passiert, sicher und geborgen in der Welt bist.

Weist dein Human Design Chart ein undefiniertes Wurzel-Zentrum auf, findest du die Ruhe und Erdung eher in der äußeren Welt als in dir selbst. Es gibt Zeiten, in denen du dich rasch haltlos und „ohne festen Grund" fühlst. Das kann sehr unangenehm sein. Mit der Anwendung deiner entsprechenden Strategie und dem Verlassen auf deine innere Autorität verweilen diese Gefühle jedoch nicht lange bei dir. Dann noch ein langer Waldspaziergang oder Barfußlaufen in deinem Garten und schon erlebst auch du wieder die Verbundenheit mit allem um und in dir und fühlst dich tief verwurzelt.

Eine kurze Übersicht zu den jeweiligen Arten der Zentren

Es gibt im Human Design System drei Bewusstseins-Zentren. Dazu gehören das Ajna-Zentrum (mentales Bewusstsein), das Solarplexus-Zentrum (emotionales Bewusstsein) und das Milz-Zentrum (intuitives Bewusstsein).

Darüber hinaus gibt es vier Motoren-Zentren. Zu ihnen gehören das Herz-Zentrum, das Sakral-Zentrum und das Wurzel-Zentrum. Zu den Druck-Zentren zählen das Kronen- und das Wurzel-Zentrum. Überdies gibt es ein Manifestations-Zentrum, nämlich das Kehl-Zentrum, und ein Identitäts-Zentrum, das G-Zentrum.

Schritt 4

Die innere Autorität

In diesem Kapitel erfährst du, was es mit der inneren Autorität und den Entscheidungsfindungen in deinem Leben auf sich hat. Abgesehen vom mentalen Projektor und dem Reflektor, der für das Treffen einer Entscheidung unbedingt eine gewisse Zeit abwarten soll, hat jeder andere Human Design Typ ein eigenes Entscheidungsfindungs-Autoritätszentrum. Dieses steht in direktem Kontakt mit ihrem weisen Unterbewusstsein und liegt immer richtig. Mentale Projektoren dürfen sich auf ihre genetische Weisheit verlassen – was ein außerordentlich hohes Bewusstsein erfordert, jedoch ebenso einwandfrei funktioniert.

Wie die fünf Grund-Human-Design-Typen gibt es auch fünf verschiedene innere Autoritäten, von denen eine die ist, mit der du entscheidest. Wenn du bereits dein kostenloses Human Design Profil erstellt hast, kennst du deine innere Autorität (diese wird in den Profilen als Zusatzinformation angezeigt).

Die inneren Autoritäten heißen und funktionieren wie folgt:

1. Das Solarplexus-Zentrum: Ein definiertes (eingefärbtes) Solarplexus-Zentrum bedeutet, dass dieses deine innere Autorität ist. Es hat Vorrang vor allen anderen möglichen definierten Zentren und regelt diese.
2. Das Sakral-Zentrum: Ein definiertes (eingefärbtes) Sakral-Zentrum bedeutet bei einem gleichzeitig nicht definierten (eingefärbten) Solarplexus-Zentrum, dass du eine Sakrale Autorität hast.
3. Das Milz-Zentrum: Ein definiertes (eingefärbtes) Milz-Zentrum bedeutet bei einem gleichzeitig nicht definierten Solarplexus-Zentrum und Sakral-Zentrum, dass dein Milz-Zentrum deine innere Autorität ist.
4. Das Herz-Zentrum: Ist dein Herz-Zentrum (auch Egozentrum genannt) definiert, dein Solarplexus-Zentrum, Sakral-Zentrum und Milz-Zentrum jedoch nicht, wirst du am sichersten von diesem Zentrum geleitet.
5. Das G-Zentrum (Die Autorität aus dem Selbst): Bei nicht definiertem Solarplexus-Zentrum, Sakral-Zentrum, Milz-Zentrum und Herz-Zentrum ist das G-Zentrum deine innere Autorität.

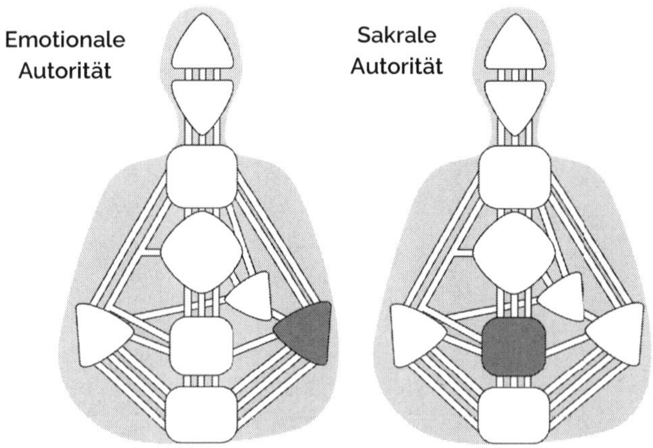

Milz Autorität

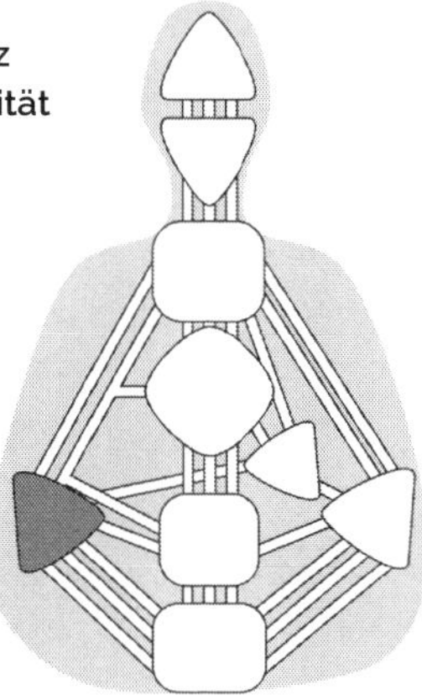

Herz Autorität

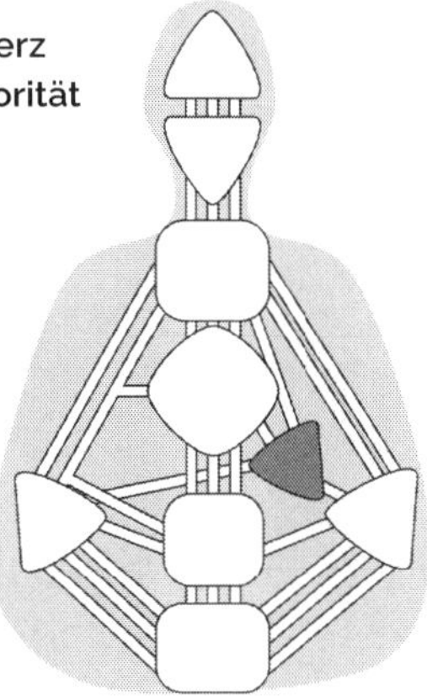

Selbst Autorität

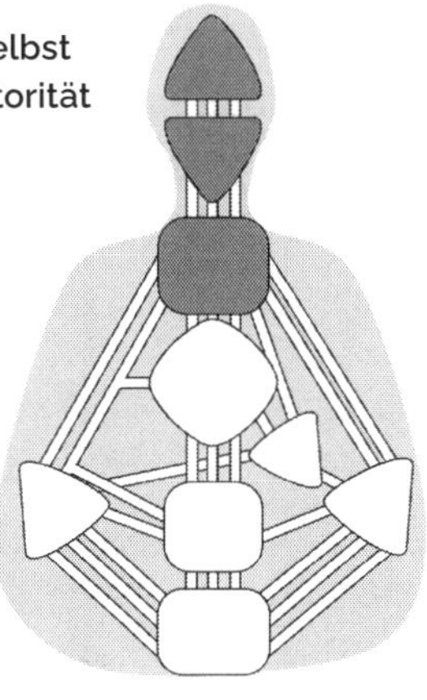

Äußere Autorität

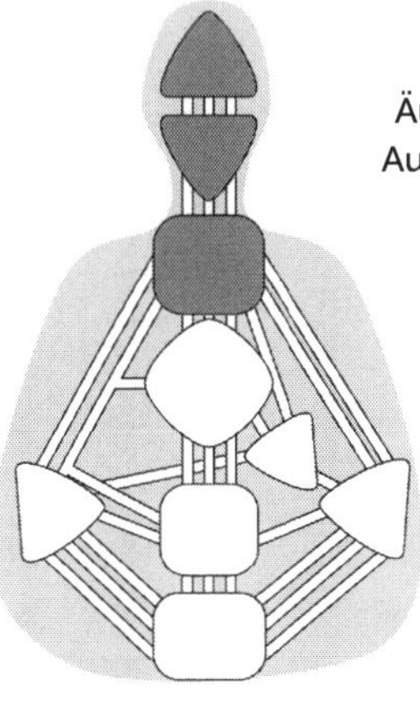

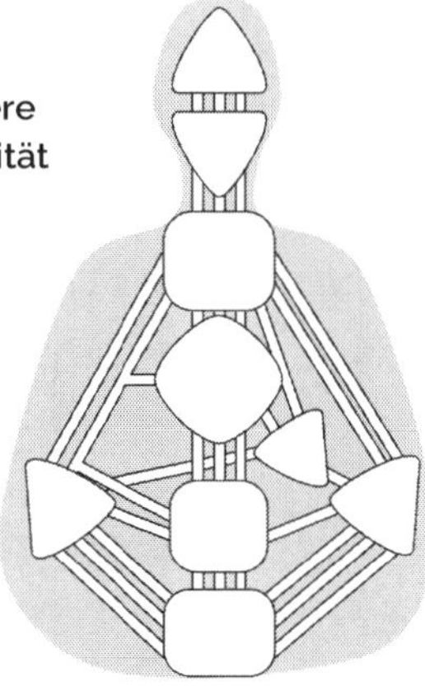

Wie du noch in dem Abschnitt zu den fünf Energiezentren-Typen „Reflektor“ im Detail erfahren wirst, kommt dieser Human Design Typ ohne eine innere Autorität aus, da in seinem Chart kein Zentrum definiert (eingefärbt) ist. Stattdessen ist er angehalten, einen Mondzyklus lang abzuwarten, ehe er eine wichtige Entscheidung trifft.

Ein mentaler Projektor, der ein definiertes Anja-Zentrum und ein definiertes Kopf- oder Hals-Zentrum hat, besitzt wie bereits erwähnt ebenfalls keine innere Autorität. Er muss daher stets besonders darauf achten, dass sein Richtungszentrum passend ausgerichtet ist, sodass er wirklich er selbst ist, statt das Außen und seine Umgebung zu projizieren.

Nahestehende und dem Projektor wohlgesonnene Menschen können dabei dennoch eine große Unterstützung sein, indem sie ihre aufrichtigen und liebevollen Gedanken mit ihm teilen. Trotzdem muss der Projektor immer selbst nachspüren, inwieweit diese für ihn stimmig sind.

Emotionale Autorität

Hast du eine emotionale Autorität, gehörst du zu den Menschen, die die Tendenzen haben, sich von ihren Emotionen leiten zu lassen. Du nimmst deine Emotionen besonders intensiv wahr – sowohl die positiven als auch die negativen. Im Sturm der Gefühle kann es schon einmal schwierig werden, die richtige Entscheidung zu treffen. Du brauchst eines: Klarheit. Diese erlangst du, wenn du deine Emotionen beobachtest, statt dich vollständig von ihnen absorbieren zu lassen. Tritt einen Schritt zurück, spüre, wie sie sich in deinem Körper anfühlen, welche Gedanken auftauchen und wo genau du das entsprechende Gefühl wahrnimmst. Emotionale Klarheit tritt ein, wenn du tief in deinem Herzen spürst, dass eine Sache richtig ist. Diese Klarheit ist sanft und unaufgeregt – manchmal braucht sie nur wenige Atemzüge, um einzutreten, ein anderes Mal dauert es eine Nacht, die du darüber schlafen musst ... oder mehrere.

Sakrale Autorität

Wenn du eine Sakrale Autorität hast, solltest du stets auf dein Bauchgefühl hören (genauer gesagt auf deinen Unterbauch). Du hast eh bereits von Natur aus diese Neigung, aber es ist gut möglich, dass du sie dir ganz oder zum Teil aufgrund von Konditionierung abgewöhnt hast. Dein Bauchgefühl ist dafür gemacht, um auf etwas zu reagieren und dir ein deutliches Ja oder Nein zu senden. Triff keine Entscheidung, ehe du nicht zuvor deinen Bauch befragt hast.

Milz-Autorität

Mit einer Milzautorität kommst du sehr schnell zu einer Entscheidung. Langes Zögern und Abwarten hat nichts mit dieser inneren Autorität gemein. Für andere Menschen mag diese Art zu entscheiden überstürzt und waghalsig sein, aber für dich ist sie genau richtig. Du entscheidest im Hier und Jetzt und das sehr rasant. Die Milz steht an dieser Stelle unter anderem für deine Intuition und diese funktioniert fernab von Raum und Zeit. Das Einzige, was du lernen musst, ist genau hinzuhören. Denn die Stimme der Intuition meldet sich oft nur ein einziges Mal – und sie spricht leise.

Herz-Autorität

Wenn du eine Herz-Autorität hast, verfügst du über eine aktive Verbindung zwischen deinem Herz- und einem Kehl-Zentrum. Diese innere Stimme ist sehr direkt und bestimmend. Mit einem definierten Herz-Zentrum wohnt dir ein starker Wille inne, der dir bei der Durchsetzung deiner Wünsche und Ziele hilft. Deine Herausforderung ist es, dir von deinen Mitmenschen nicht hereinreden oder dich vom

Gegenteil überzeugen zu lassen („Ach komm, lass das doch lieber sein!" etc.). Dein Herz reagiert und übermittelt dir die für dich richtige Antwort häufig nicht mit einem direkten Ja oder Nein, sondern eher mit einem Gefühl des Sich-angezogen- oder Abgestoßen-Fühlens.

Selbst-Autorität

Diese Autorität unterscheidet sich deutlich von den vorangegangenen. Sie ist eine innere Weisheit, die dich sachte wie eine Feder streichelt. Es handelt sich dabei um eine tiefe Erkenntnis, die sehr schwer zu greifen und noch schwieriger zu beschreiben ist. Du weißt einfach, dass eine Sache so oder so ist, dass etwas richtig oder falsch ist, ohne den Grund dafür einem anderen näher erläutern zu können. Am ehesten lässt sich diese mysteriöse Einsicht auf Brustbeinhöhe lokalisieren.

Äussere Autorität

Eine äußere Autorität zu haben, ist sehr selten. Wenn dies auf dich zutrifft, bist du entweder eine bestimmte Art von Projektor oder ein Reflektor. Um deine innere Wahrheit zu finden, bedarf es das bedächtige, abwägende, geduldige Durchlaufen einer Zeitspanne von 29 Tagen (die Länge des Mondzyklus), in denen du den Rat von anderen suchst und diesen mit deiner eigenen, inneren Wahrheit abgleichst. Anschließend kommst du zu deiner Entscheidung.

Selbstcoaching:

Achte in der kommenden Woche auf alle großen und kleinen Entscheidungen, die du zu treffen hast. Verbinde dich vor dem Entscheiden mit deiner inneren, Selbst- oder äußeren Autorität, horche in dich hinein und spüre nach, was diese Autorität dir rät. Halte deine Eindrücke fest und richte ein besonderes Augenmerk auf die kleinen, aber feinen Unterschiede zwischen einer mentalen (Kopf-)Entscheidung und einer ausgehend von deiner inneren Autorität.

Schritt 5

Die 36 Kanäle

Die vielen Kanäle im Human Design System wirken auf den ersten Blick manchmal etwas verwirrend. Am besten stellst du sie dir wie Stromkabel vor, welche die einzelnen Energiezentren miteinander verbinden und so die Energie von einem Ort zum nächsten befördern. Die Art der Verbindung der Kanäle bestimmt deine Reaktionsweise auf bestimmte Vorkommnisse in deinem Leben. Die 36 Kanäle im Human Design entspringen dem Kabbala. Dieses besagt, dass aus zwei nicht gleichen Teilen ein Drittes, Neues wird. Die zwei nicht gleichen Teile stehen für die sich gegenüberliegenden Tore der jeweiligen Energie-Zentren. Sie sind durch einen Kanal miteinander verbunden. Diese Verbindung steht, sofern sie eingefärbt (definiert) ist, für einen beständigen Strom einer dir innewohnenden Fähigkeit.

Ist ein Kanal bei dir definiert, so kann es vorkommen, dass er vollständig in einer Farbe oder jeweils zur Hälfte in zwei Farben definiert ist. So kann er komplett bewusst oder unbewusst – oder nur zu einer Hälfte bewusst und zur anderen unbewusst sein, was sich dann jeweils auf das entsprechende Tor auf einer Seite bezieht. Und was ist mit den Kanälen, die nur bis zur Hälfte definiert sind?

Nun, dieses Phänomen nennt sich im Human Design „Hängendes Tor" und falls du so eines in deinem Chart hast, kannst du sicher sein, dass du auf die eine oder andere Weise stets Ausschau nach einer Person hältst, welche die andere, passende Seite definiert hat. Denn so (wenn du mit dieser zusammen bist) fühlst du dich vollständig und im Fluss der Energie (auf das jeweilige Zentrum bezogen).

Deine nicht definierten Kanäle kannst du, genau wie deine nicht definierten Zentren, als Herausforderungen des Lebens betrachten. Bei den damit zusammenhängenden Themen darfst du besonders bewusst und achtsam sein, denn es gilt zu entscheiden, welche Ansichten deine eigenen und welche die deines Umfeldes sind (das trifft auch auf konditionierte Verhaltensweisen zu).

Wenn in deinem Kanal zwei Farben nebeneinander sind, so bedeutet dies, dass dir die Qualität (und dein Ausleben) des jeweiligen Tores in manchen Momenten bewusst und in anderen nicht bewusst ist.

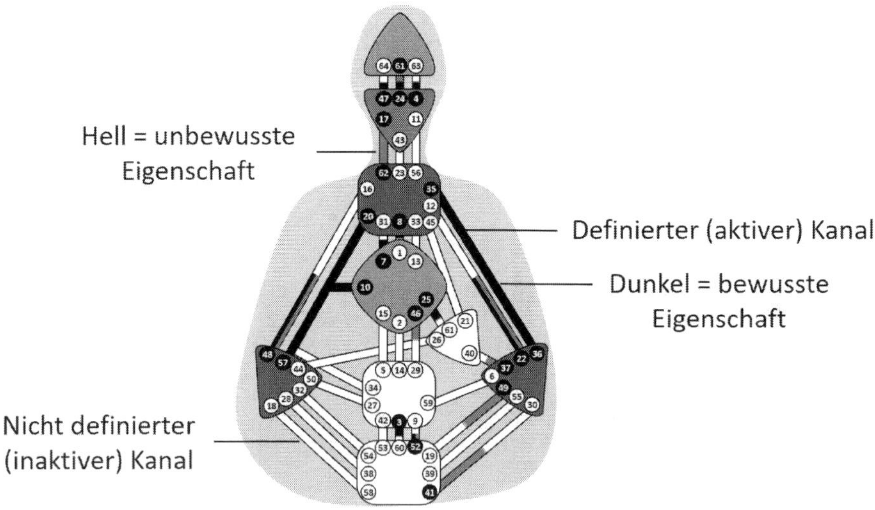

Nun geht es ans Eingemachte. Schnapp dir dein Human Design Chart (Bodygraph) und überprüfe, welche Kanäle bei dir vollständig in einer Farbe definiert sind (bewusst oder unbewusst), welche nur zur Hälfte (hängend) und welche halb in einer und halb in einer anderen Farbe definiert sind (halb bewusst, halb unbewusst).

Die Kanäle und ihre Bedeutung

1 - 8

Der Kanal der Inspiration erstreckt sich vom G-Zentrum zum Kehl-Zentrum

Dieser Kanal setzt sich aus dem Tor der kreativen Frische (Tor 1) und aus dem der Authentizität (Tor 8) zusammen. Hast du diesen Kanal definiert, bist du ein echter Pionier und ein Vorbild für deine Mitmenschen, da du mutig deinen eigenen, authentischen Lebensweg beschreitest.

2 - 14

Der Kanal des Gestalters erstreckt sich vom G-Zentrum zum Sakral-Zentrum

Dieser Kanal setzt sich aus dem Tor des Flows (Tor 2) und dem Tor der Schöpfung (Tor 14) zusammen. Ist dieser Kanal bei dir definiert, bedeutet das, dass du einen besonderen Zugriff auf die göttliche Energie und Kraft hast. Diese trägst du hinaus in die Welt und verbindest Menschen miteinander.

3 - 60

Der Kanal der Innovation erstreckt sich vom Sakral-Zentrum zum Wurzel-Zentrum

Dieser Kanal setzt sich aus dem Tor der Innovation und Neuordnung (Tor 3) und dem Tor der Begrenzung und Verwandlung (Tor 60) zusammen. Er steht für einen blitzgescheiten Verstand, der fantastisch darin ist, Lösungen für einzelne Menschen und die Menschheit als Ganzes zu finden. Dieser Kanal treibt stets dazu an, Antworten zu finden.

4 - 63

Der Kanal der Logik und des Zweifelns. Dieser Kanal erstreckt sich vom Ajna-Zentrum zum Kronen-Zentrum

Er setzt sich aus dem Tor des Verstehens und der Entwicklung (Tor 4) und dem Tor des Hinterfragens und des Lernens (Tor 63) zusammen. Er steht für Impulsivität, den Wunsch nach Veränderung, Weiterentwicklung und Wachstum. Personen mit diesem aktivierten Kanal wirken auf andere manchmal sprunghaft, da sie von einem Moment auf den anderen einen Richtungswechsel durchführen können. Andererseits haben sie mit ihrem Bestreben nach Neuem zumeist auch etwas sehr Inspirierendes für ihr Umfeld an sich.

5 - 15

Der Kanal des Rhythmus erstreckt sich vom Sakral-Zentrum zum G-Zentrum

Dieser Kanal setzt sich aus dem Tor der Geduld und der Rituale (Tor 5) und dem Tor des Mitgefühls und der Flexibilität (Tor 15) zusammen. Er befähigt dich zu einem besonderen Gespür für den richtigen Zeitpunkt und Harmonie. Dein Sein und Empfinden haben einen großen Einfluss auf die Menschen in deiner Umgebung – bist du selbst im natürlichen Fluss des Lebens, färbt dies auch auf andere ab (und umgekehrt).

6 - 59

Der Kanal der Verbinder erstreckt sich vom Solarplexus-Zentrum zum Sakral-Zentrum

Dieser Kanal setzt sich aus dem Tor der Besonnenheit und der Weiterentwicklung (Tor 6) und dem Tor der Ungezwungenheit und der Sexualität (Tor 59) zusammen. Ist er bei dir definiert, durchströmt dich fortwährend eine starke sexuelle Energie und ein Drang dich mit anderen, Visionen und Projekten zu verbinden und einzubringen. Deine Mitmenschen finden dich aufgrund deiner besonderen Ausstrahlung sehr anziehend.

7 - 31

Der Kanal der Führung erstreckt sich vom G-Zentrum zum Kehl-Zentrum

Dieser Kanal setzt sich aus dem Tor der Gemeinschaft und der Strategie (Tor 7) und dem Tor der Führung und des Einflusses (Tor 31) zusammen. Er macht dich zu einem Anführer, dem andere gerne folgen. Du hast eine besondere, gut durchdachte Art zu führen, die dir sehr viel Anerkennung von anderen einbringt.

9 - 52

Der Kanal der Konzentration erstreckt sich vom Sakral-Zentrum zum Wurzel-Zentrum

Dieser Kanal setzt sich aus dem Tor der Konzentration auf Details (Tor 9) und dem Tor der Stabilität und Klarheit (Tor 52) zusammen. Er schenkt dir die Beharrlichkeit und geistige Zentrierung, um all deine Vorhaben in perfekter Vollendung durchzuziehen. Du verfügst über viel Energie zur Realisierung deiner Ziele.

10 - 20

Der Kanal des Erwachens erstreckt sich vom G-Zentrum zum Kehl-Zentrum

Dieser Kanal setzt sich aus dem Tor der Authentizität und Selbstachtung (Tor 10) und dem Tor der Gegenwärtigkeit und Selbstsicherheit (Tor 20) zusammen. Er verleiht dir einen natürlichen Drang, deinen Weggefährten auf der Erde das Bezaubernde im Leben nahezubringen, sie damit zu verzücken und ihnen Liebe und Zuversicht zu schenken. Du lebst stets nach hohen Prinzipien und liebst das Leben durch und durch.

10 - 34

Der Kanal der Überzeugung erstreckt sich vom G-Zentrum zum Sakral-Zentrum

Auch dieser Kanal setzt sich aus dem Tor der Authentizität und Selbstachtung (Tor 10) und dem Tor der Kraft und des Charismas (Tor 34) zusammen. Wenn er bei dir aktiviert ist, verfügst du über viel

Kreativität, die immer dann zum Ausdruck kommt, wenn du ganz und gar von einer Sache überzeugt bist. Du bist ein Liebhaber des Lebens, der schönen Dinge und hast ein ausgeprägtes Identitätsgefühl.

10 - 57
Der Kanal der Ästhetik erstreckt sich vom G-Zentrum zum Milz-Zentrum
Dieser Kanal setzt sich aus dem Tor der Authentizität und Selbstachtung (Tor 10) und dem Tor der Wahrnehmung und des Instinkts (Tor 57) zusammen. Dieser definierte Kanal sorgt dafür, dass du dich immer auf deinen eingebauten Überlebensmechanismus verlassen kannst. Du spürst Gefahr instinktiv und bist zurecht sehr intuitiv, wenn es um wichtige Entscheidungen geht.

11 - 56
Der Kanal des Erzählers oder der Erzählerin erstreckt sich vom Ajna-Zentrum zum Kehl-Zentrum
Dieser Kanal setzt sich aus dem Tor der Ideen und des Weitblicks (Tor 11) und dem Tor der Entdecker und Reisenden (Tor 56) zusammen. Er befähigt dich zu einem regen Austausch von Ideen und Konzepten, einer ausgesprochen guten Kommunikationsfähigkeit und dem Talent, dein Erlebtes und Gelerntes spannend für andere zu verpacken.

12 - 22
Der Kanal der Offenheit erstreckt sich vom Kehl-Zentrum zum Solarplexus-Zentrum
Dieser Kanal setzt sich aus dem Tor der Feinfühligkeit und Visionen (Tor 12) sowie aus dem Tor der Anmut und Offenheit (Tor 22) zusammen. Du verfügst über die Fähigkeit, dein Inneres ungefiltert nach außen zu kehren und all deine Emotionen zu jeder Zeit rückhaltlos auszudrücken. Dies fühlt sich oftmals erleichternd für dich an.

13 - 33

Der Kanal der Bewahrer erstreckt sich vom G-Zentrum zum Kehl-Zentrum

Dieser Kanal setzt sich aus dem Tor des Zuhörens und der Inspiration (Tor 13) als auch aus dem Tor des Geschichtenerzählers und des Rückzugs (Tor 33) zusammen. Mit diesem definierten Kanal bist du für andere ein wahrer Quell der Weisheit und ein Berichterstatter des Lebens. Durch das Teilen deiner Erfahrungen hilfst du anderen bei ihrem eigenen Wachstum und bewahrst sie vor vermeidbaren Fehlern.

16 - 48

Der Kanal der Kompetenz erstreckt sich vom Kehl-Zentrum zum Milz-Zentrum

Dieser Kanal setzt sich aus dem Tor der Begeisterung und der neuen Wege (Tor 16) und dem Tor des Tiefgangs und des Einfallsreichtums (Tor 48) zusammen. Hast du diesen Kanal definiert, kannst du es beim Ausleben deiner Talente zu einem wahren Meister oder einer Meisterin bringen. Du bringst die nötige Tiefe und Kreativität mit, um vollendete Perfektion in deinem Tun zu erreichen.

17 - 62

Der Kanal der Konzeption erstreckt sich vom Ajna-Zentrum zum Kehl-Zentrum

Dieser Kanal setzt sich aus dem Tor der Meinungen und Offenheit (Tor 17) und dem Tor des Erfassens und der Verarbeitung (Tor 62) zusammen. Er verhilft dir zu einem großen Weitblick, der Fähigkeit, genaue Konzepte zu entwickeln und diese anderen aufgrund von exakten Daten und Fakten überzeugend zu präsentieren.

18 - 58

Der Kanal der Optimierung erstreckt sich vom Milz-Zentrum zum Wurzel-Zentrum

Dieser Kanal setzt sich aus dem Tor des Korrigierens und der Neuausrichtung (Tor 18) und dem Tor der Freude und Lebensenergie

(Tor 58) zusammen. Durch seine Aktivierung verfügst du über eine ausgeprägte Antriebs- und Lebenskraft und bist immer bestrebt, Verbesserungen herbeizuführen, andere zu beraten und ihnen beim Lösen ihrer Probleme zu helfen. Du bist ein sehr guter Kritiker.

19 - 49
Der Kanal der Synthese erstreckt sich vom Wurzel-Zentrum zum Solarplexus-Zentrum
Dieser Kanal setzt sich aus dem Tor der Sensibilität und der Bedürfnisse (Tor 19) und dem Tor der Erneuerungen und Revolution (Tor 49) zusammen. Mit diesem Kanal bist du hochsensibel sowie emphatisch und spürst genau, was die Menschen in deiner Umgebung gerade brauchen. Du liebst gleichschwingende Prinzipien, das gemeinschaftliche Praktizieren von Ritualen und Fairness.

20 - 34
Der Kanal des Charismas erstreckt sich vom Kehl-Zentrum zum Sakral-Zentrum
Dieser Kanal setzt sich aus dem Tor der Gegenwärtigkeit und Selbstsicherheit (Tor 20) und dem Tor der Kraft und des Charismas (Tor 34) zusammen. Ist es bei dir aktiviert, verspürst du eine starke Befriedigung, wenn du aktiv bist und deine Lebenskraft zum Ausdruck bringst. Dein Schaffensdrang und deine Hingabe bei den Projekten, die dir wirklich am Herzen liegen, lassen dich auf andere überaus charismatisch wirken.

20 - 57
Der Kanal der Improvisation erstreckt sich vom Kehl-Zentrum zum Milz-Zentrum
Auch dieser Kanal setzt sich aus dem Tor der Gegenwärtigkeit und Selbstsicherheit (Tor 20) und dem Tor der Wahrnehmung und des Instinkts (Tor 57) zusammen. Ist er bei dir aktiviert, wohnt dir ein ganz besonderes Bewusstsein inne, das dich in Windeseile intuitiv entscheiden, sprechen und handeln lässt.

21 - 45
Der Kanal des Geldes erstreckt sich vom Herz-Zentrum zum Kehl-Zentrum
Dieser Kanal setzt sich aus dem Tor der Selbstkontrolle und Autorität (Tor 21) und dem Tor des Reichtums und Gemeinwohls (Tor 45) zusammen. Mit diesem aktivierten Kanal fällt es dir leicht, Geld zu generieren und dich in der materiellen 3D Welt zurechtzufinden. Du liebst es, autonom zu sein und die Dinge allein und ohne Abstimmung mit anderen anzugehen.

23 - 43
Der Kanal der Strukturierung erstreckt sich vom Kehl-Zentrum zum Ajna-Zentrum
Dieser Kanal setzt sich aus dem Tor der Assimilation und Klarheit im Ausdruck (Tor 23) und dem Tor der Pioniere und Ideen (Tor 43) zusammen. Ist er bei dir aktiviert, hast du ein Auge für die größeren Zusammenhänge und Strukturen. Diese und weitere Einsichten kannst du anderen vermitteln und ihnen somit bei ihrer Weiterentwicklung helfen.

24 - 61
Der Kanal der Erkenntnis erstreckt sich vom Ajna-Zentrum zum Kronen-Zentrum
Dieser Kanal setzt sich aus dem Tor der Geschenke und Innenschau (Tor 24) und dem Tor der Authentizität und des Forschens (Tor 61) zusammen. Er befähigt dich zu großem Denken, das andere inspiriert und Neues in der Welt schafft. Du sehnst dich nach Anerkennung und bist immer darauf aus, weiter zu forschen und die Geheimnisse des Lebens zu erkunden.

25 - 44
Der Kanal der Einmaligkeit erstreckt sich vom G-Zentrum zum Herz-Zentrum
Dieser Kanal setzt sich aus dem Tor der Göttlichen Ordnung und Liebe des Universums (Tor 25) und dem Tor der Kühnheit und Initiative (Tor 51) zusammen. Aktiviert sorgt er für den Drang ganz nach vorne

im Leben zu kommen, der oder die Beste zu sein und das Gefühl der Einzigartigkeit nach außen zu tragen.

26 - 44
Der Kanal des Einflusses erstreckt sich vom Herz-Zentrum zum Milz-Zentrum
Dieser Kanal setzt sich aus dem Tor der Integrität und Raffinesse (Tor 26) und dem Tor der Synergien und Kooperationen (Tor 44) zusammen. Er befähigt dich mit dem natürlichen Geist eines Unternehmers oder einer Unternehmerin und dem Wunsch, die Welt ein Stückchen besser zu machen. Alles rund um das Geschäftliche liegt dir und du verfügst über einen starken Willen.

27 - 50
Der Kanal der Versorger erstreckt sich vom Sakral-Zentrum zum Milz-Zentrum
Dieser Kanal setzt sich aus dem Tor der Verantwortung und Selbstlosigkeit (Tor 27) und dem Tor der Werte und des Miteinanders (Tor 50) zusammen. Er stattet dich mit der Fähigkeit, gut für andere da zu sein, sie zu behüten, sie liebevoll zu umsorgen und Verantwortung für sie zu übernehmen, aus.

28 - 38
Der Kanal des Kämpfers erstreckt sich vom Milz-Zentrum zum Wurzel-Zentrum
Dieser Kanal setzt sich aus dem Tor des Abenteuers und der Risiken (Tor 28) und dem Tor der Werte und Fokussierung (Tor 38) zusammen. Es steht für einen starken Gerechtigkeitssinn, eine rebellische Ader und den Mut, offen deine Meinung kundzutun und für deine Werte einzutreten.

29 - 46
Der Kanal der Entdeckung erstreckt sich vom Sakral-Zentrum zum G-Zentrum
Dieser Kanal setzt sich aus dem Tor der Hingabe und des Entscheidens (Tor 29) und dem Tor der glücklichen Umstände und der Liebe

zum Körper (Tor 46) zusammen. Er bestärkt deinen Wunsch, aus deinen Erfahrungen zu lernen und dich immer wieder vorbehaltlos auf Neues einzulassen, sodass du innerlich wächst.

30 - 41
Der Kanal der Begeisterung erstreckt sich vom Solarplexus-Zentrum zum Wurzel-Zentrum
Dieser Kanal setzt sich aus dem Tor der Leidenschaft und Sehnsucht (Tor 30) und dem Tor der Visualisierung und des Neubeginns (Tor 41) zusammen. Er befähigt dich dazu, groß zu träumen und ein Visionär, bzw. eine Visionärin zu sein. Du willst die Welt zu etwas Besserem machen, als du sie vorgefunden hast und bist darauf aus, fortwährend neue Gefühlserfahrungen zu machen.

32 - 54
Der Kanal des Erfolges erstreckt sich vom Milz-Zentrum zum Wurzel-Zentrum
Dieser Kanal setzt sich aus dem Tor der Ausdauer und Bewahrung (Tor 32) und dem Tor des Strebens und Erfolgs (Tor 54) zusammen. Aktiviert fördert es deinen Entschluss, es mithilfe deiner beständigen Arbeitskraft im Leben zu materiellem Erfolg und Ansehen zu bringen. Dir wohnt der Drang inne, weiter nach oben (bzw. nach „vorn") zu kommen und das Leben anderer mit deinem Tun zu verbessern.

34 - 57
Der Kanal der Macht erstreckt sich vom Kehl-Zentrum zum Solarplexus-Zentrum
Dieser Kanal setzt sich aus dem Tor der Kraft und des Charismas (Tor 34) und dem Tor der Wahrnehmung und des Instinkts (Tor 57) zusammen. Er versorgt dich mit Spontanität, einem intuitiven Gefühl des richtigen Handelns und mit einer enormen Kraft, die große Veränderungen herbeiführen kann.

35 - 36

Der Kanal der Abenteurer erstreckt sich vom Kehl-Zentrum zum Solarplexus-Zentrum

Dieser Kanal setzt sich aus dem Tor der Veränderung und besseren Welt (Tor 35) und dem Tor der emotionalen Erfahrungen und Visionen (Tor 36) zusammen. Ist er bei dir aktiviert, liebst du den Fortschritt und das Erleben von neuen Erfahrungen. Dir wohnen eine tiefe Sehnsucht und Leidenschaft nach Intensivem inne.

37 - 40

Der Kanal der Gemeinschaft erstreckt sich vom Solarplexus-Zentrum zum Herz-Zentrum

Dieser Kanal setzt sich aus dem Tor sozialen Gemeinschaft und des Friedens (Tor 37) und dem Tor des Rückzugs und der Ungebundenheit (Tor 40) zusammen. Er nährt dein Streben nach gleichschwingenden Seelen in deinem Leben sowie nach Fairness, Gerechtigkeit und Ehrlichkeit in einer Gesellschaft.

39 - 55

Der Kanal der emotionalen Dynamik erstreckt sich vom Wurzel-Zentrum zum Solarplexus-Zentrum

Dieser Kanal setzt sich aus dem Tor des Anstachelns und der Neuausrichtung(Tor 39) und dem Tor des Vertrauens und Aufstiegs (Tor 55) zusammen. Aktiviert sorgt er für große Stimmungsschwankungen, Leidenschaft und Kreativität.

42 - 53

Der Kanal der Entwickler erstreckt sich vom Sakral-Zentrum zum Wurzel-Zentrum

Dieser Kanal setzt sich aus dem Tor der Dynamik und des Potenzials (Tor 42) und dem Tor der neuen Erfahrungen und Expansion (Tor 53) zusammen. Er lässt dich beständig innerlich wachsen und mit fortschreitender Zeit zu neuen Einsichten und Weisheiten gelangen.

47 - 64
Der Kanal des Sinnfindens erstreckt sich vom Ajna-Zentrum zum Kronen-Zentrum
Dieser Kanal setzt sich aus dem Tor des Verstehens und der Verwandlung (Tor 47) und dem Tor des Analysierens und der Potenziale (Tor 64) zusammen. Er steht für die Gabe, Altes in Neues zu verwandeln und ein Leben voller Sinnhaftigkeit zu führen, das andere inspiriert.

Selbstcoaching:

Nimm dir dein Human Design Chart zur Hand und schaue nach, welche Kanäle bei dir vollständig aktiviert sind und welche nur zur Hälfte („Hanging Gate").

Schreibe sie auf und notiere die Erklärungen zu den jeweiligen Kanälen. Halte außerdem fest, welche Kanäle unterschiedlich eingefärbt sind (d.h. bewusst oder unbewusst).

Notiere anschließend Situationen, in denen du diese Fähigkeiten und Talente bisher voll ausgelebt hast und in welchen du dich womöglich noch zurückgehalten hast.

Lege während der kommenden vier Wochen dein Augenmerk auf je zwei bis vier Potenziale, die du bewusst förderst und mehr in deinen Alltag und im Umgang mit anderen integrierst.

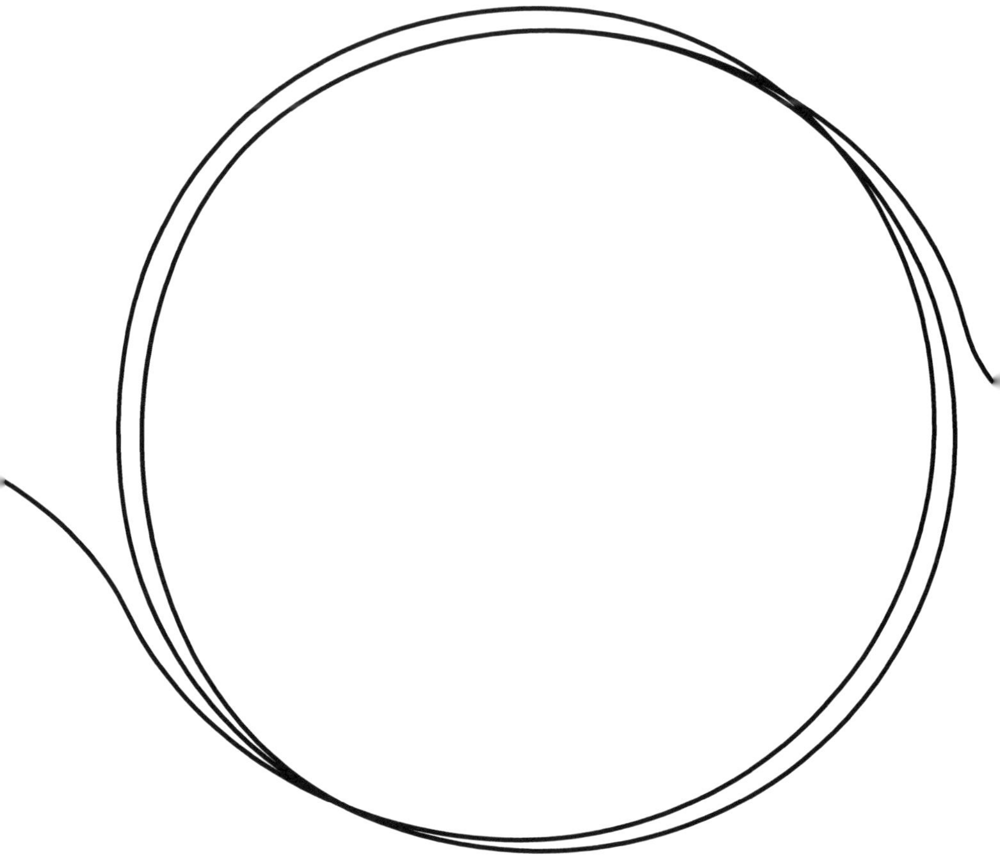

SCHRITT 6

DIE 64 TORE

Zu deiner Geburt und ungefähr drei Monate davor aktivieren die Planeten die entsprechenden Tore (mit den jeweiligen Potenzialen) für dein Leben. Erinnerst du dich noch an die durchs Universum jagenden Neuriten? Ihnen verdankst du die zahlreichen Fähigkeiten, die dir von Geburt an innewohnen.
Du findest die bei dir aktivierten Tore als große Zahlen in den eckigen oder runden Kästen rechts und links neben deinem Bodygraph (unter den Symbolen der 13 Planeten – dazu später mehr).

Sie stehen stellvertretend für die Tore in deinem Bodygraph. Diese findest du als kleine Zahlen am Ende von jedem Kanal in deinen Energiezentren.

Wie schon zuvor erwähnt, wird auch hier wieder zwischen einer dir bewussten (dunkel eingefärbt) und unbewussten (meist hell eingefärbt) Seite unterschieden.

Wie du bereits beim Durchsehen deiner Kanäle feststellen konntest, ist es möglich, dass ein Tor jeweils sowohl auf der bewussten, als auch auf der unbewussten Seite aktiviert wurde (in diesem Fall ist der Kanal entweder längs unterteilt und enthält zwei Farben nebeneinander oder er ist gestreift).

Wenn zwei gegenüberliegende Tore aufeinandertreffen, führt dies zur Aktivierung des jeweiligen Kanals. Dabei kann es vorkommen, dass eines der Tore unbewusst aktiviert und das andere bewusst aktiviert ist (dass beide unbewusst oder bewusst aktiviert sind, ist auch möglich).

Wenn Tore bei dir nicht aktiviert sind, bedeutet dies keinesfalls, dass du dir die jeweiligen Gaben und Talente nicht aneignen kannst. Es ist lediglich etwas herausfordernder für dich, sie als festen Bestandteil in dein Leben zu integrieren. Kurz: Du musst aktiv etwas dafür tun!

Diese Tore geben neben deinem Human Design Typen noch einmal einen weitaus detaillierten Einblick in deine Persönlichkeit. Du darfst also gespannt sein, mehr über dich herauszufinden. Wenn du zu deinen Stärken und Schwächen stehst, dich traust, sie anzunehmen und das Beste aus ihnen zu machen, führt dies zu wahrer Freiheit, mehr Selbstliebe, erfüllenderen Beziehungen, Erfolg im Beruf und insgesamt zu einem bedeutend glücklicheren Leben!

Die 64 Tore und ihre Potenziale

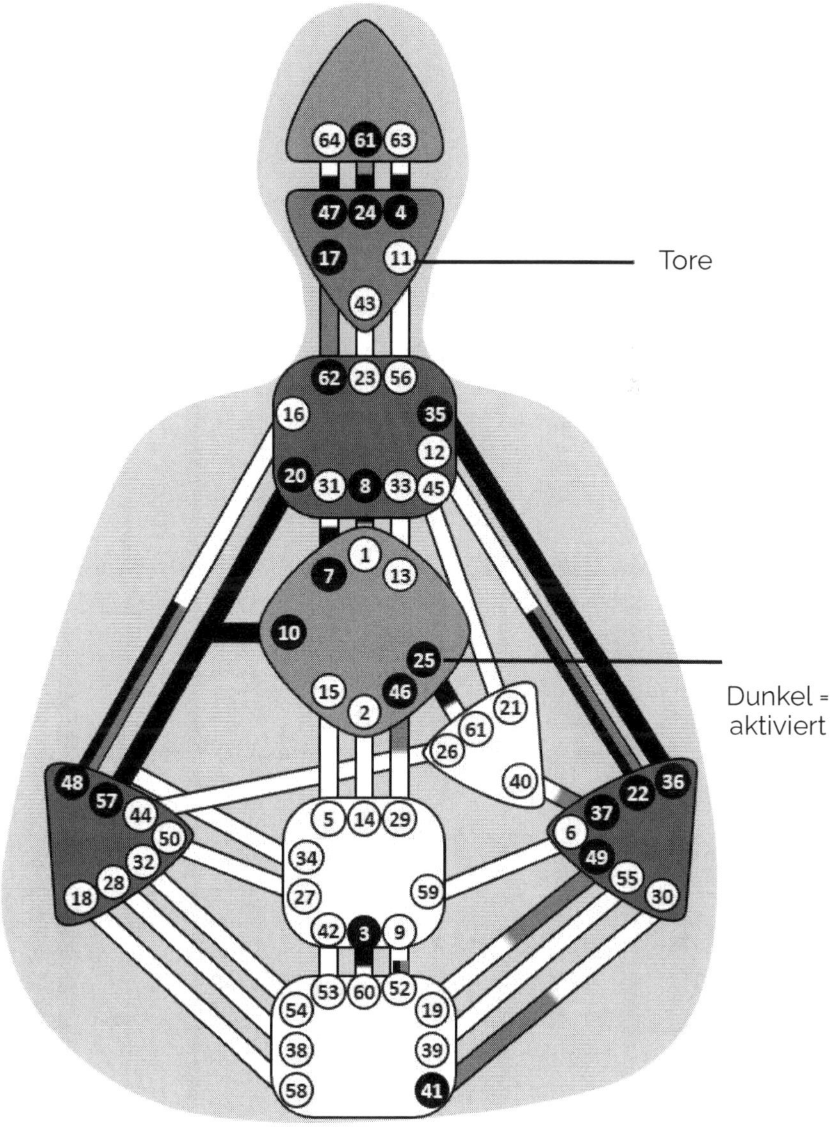

Tor 1 – Das Tor der kreativen Frische
Dieses Tor findest du in deinem G-Zentrum. Es wird auch mit der Leber assoziiert und steht für kreative und originelle Schöpferkraft, die Neues hervor und hinaus in die Welt bringt.

Tor 2 - Das Tor des Flows und der inneren Führung
Dieses Tor findest du im G-Zentrum. Es wird ebenfalls mit der Leber sowie mit dem Brustbein assoziiert und steht für eine magnetische Anziehungskraft, innere Führung durch das höhere Selbst und ein Gefühl des Einsseins mit allem.

Tor 3 - Das Tor der Innovation und Neuordnung
Dieses Tor findest du im Sakral-Zentrum. Es wird mit dem Bauchnabel, den Eierstöcken und der Großhirnrinde assoziiert. Es steht für eine neue Anordnung der Dinge, für innovative Ideen und Veränderung.

Tor 4 - Das Tor des Verstehens und der Entwicklung eigener Theorien
Dieses Tor findest du im Ajna-Zentrum. Es wird mit der Hypophyse (Teil des Gehirns) und der Großhirnrinde assoziiert. Es steht für Logik und das stets der bestmöglichen Lösung zugetane Denken.

Tor 5 - Das Tor der Geduld und Rituale
Dieses Tor findest du im Sakral-Zentrum. Es wird mit dem Kreuzbeingeflecht, den Eierstöcken und den Hoden assoziiert. Es steht für feste Rhythmen, Gewohnheiten und das dadurch entstehende Gefühl von Stabilität und Wohlbefinden.

Tor 6 - Das Tor der Besonnenheit und Weiterentwicklung
Dieses Tor findest du im Solarplexus-Zentrum. Es wird mit dem Nervengeflecht deiner Bauchorgane, deinen Nieren sowie deiner Bauchspeicheldrüse assoziiert. Es steht für besonnenes Denken, Reden und Handeln, das immer darauf aus ist, Weiterentwicklung und Frieden zu fördern.

Tor 7 - Das Tor der Gemeinschaft und Strategie
Dieses Tor findest du im G-Zentrum. Es wird mit der Leber und dem Zwerchfell assoziiert. Dieses Tor steht für ausgeklügelte Prozesse, Strategien, Pioniergeist und Führerschaft, die Menschen verbindet und leitet.

Tor 8 - Das Tor der Authentizität und des Beitragens
Dieses Tor findest du im Kehl-Zentrum. Es wird mit der Schilddrüse und der Nebenschilddrüse assoziiert. Es steht für Kreativität in dir und dem Geschick, auch andere dazu zu bemächtigen, dem Wunsch nach Anerkennung und einem besonderen, eigenen Stil.

Tor 9 - Das Tor der Konzentration auf Details
Dieses Tor findest du im Sakral-Zentrum. Es wird mit dem Kreuzbeingeflecht, den Eierstöcken und den Hoden assoziiert. Es steht für tiefe Konzentration, effizientes Denken und Handeln und der Fähigkeit, jedes noch so winzige Detail wahrzunehmen.

Tor 10 - Das Tor der Authentizität und Selbstachtung
Dieses Tor findest du im G-Zentrum. Es wird mit dem Brustkorb, dem Herz und der Leber assoziiert. Es steht für die Liebe zu dir selbst und zu anderen, für Selbstmitgefühl und das Gehen eines authentischen Lebensweges.

Tor 11 - Das Tor der Ideen und des Weitblicks
Dieses Tor findest du im Ajna-Zentrum. Es wird mit der Hypophyse assoziiert und steht für eine ausgeprägte Reflexionsfähigkeit, das Verarbeiten von zurückliegenden Erfahrungen, Fantasie und der Weitergabe von weisen Geschichten aus dem eigenen Leben.

Tor 12 - Das Tor der Feinfühligkeit und Visionen
Dieses Tor findest du im Kehl-Zentrum. Es wird mit der Schilddrüse sowie der Nebenschilddrüse assoziiert. Es steht für die Gabe, Gefühle ausdrücken zu können und somit sich selbst und andere in Beziehungen voranzubringen.

Tor 13 - Das Tor des Zuhörens und der Inspiration
Dieses Tor findest du im G-Zentrum. Es wird mit der Leber assoziiert und steht für hohes Einfühlungsvermögen, aufrichtigem Interesse an Anderen und genauem Zuhören. Dies befähigt dazu, mit dem eigenen Erzählen andere zu inspirieren und die Weisheiten des Lebens in die Welt hinauszutragen.

Tor 14 - Das Tor der Schöpfung und Beharrlichkeit
Dieses Tor findest du im Sakral-Zentrum. Es wird mit dem Dünndarm, den Eierstöcken und den Hoden assoziiert. Es steht für Kraft und Beharrlichkeit, für Fülle und Harmonie, ausgehend von einem kompromisslosen Dasein, das stets die Freude als Wegweiser hat.

Tor 15 - Das Tor des Mitgefühls und Flexibilität
Dieses Tor findest du im G-Zentrum. Es wird mit der Leber assoziiert und steht für aufrichtige Nächstenliebe, sowie die Fähigkeit jeden Menschen in seiner Einzigartigkeit anzuerkennen und andere auf ihre Gemeinsamkeiten aufmerksam zu machen, statt auf die Unterschiede. Es nährt außerdem für die Gabe, alte Muster loszulassen und neue, weitaus kreativere zu schaffen, die alle voranbringen.

Tor 16 - Das Tor der Begeisterung und neuen Wege
Dieses Tor findest du im Kehl-Zentrum. Es wird mit der Schilddrüse und der Nebenschilddrüse assoziiert. Es steht für enthusiastische Experimentierfreude, ein hohes Maß an Begeisterung und den Drang, immer wieder neue Wege zu beschreiten.

Tor 17 - Das Tor der Meinungen und Offenheit
Dieses Tor findest du im Ajna-Zentrum. Es wird mit der Hypophyse assoziiert. Es steht für den Wunsch die eigene Meinung anderen zu erzählen, sie mit ihnen zu teilen und immer wieder aufs Neue Informationen logisch zu hinterfragen.

Tor 18 - Das Tor des Korrigierens und der Neuausrichtung
Dieses Tor findest du im Milz-Zentrum. Es wird mit dem Lymphsystem und der Milz assoziiert. Es steht für das Talent, objektiv zu urteilen und den Wunsch, Falsches im System zu beheben und zu verbessern.

Tor 19 - Das Tor der Sensibilität und Bedürfnisse
Dieses Tor findest du im Wurzel-Zentrum. Es wird mit den Körperhaaren und den Nebennieren assoziiert. Es steht für einen dauerhaften Kontakt zur Führung des eigenen Herzens, den unschuldigen Wunsch nach der Erfüllung deiner Bedürfnisse und der deiner Mitmenschen sowie für einen umsichtigen Gebrauch deiner Energie.

Tor 20 - Das Tor der Gegenwärtigkeit und Selbstsicherheit
Dieses Tor findest du im Kehl-Zentrum. Es wird mit dem Stammhirn (Rückenmark) und der Schilddrüse assoziiert. Es steht für das Leben im Jetzt, den gegenwärtigen Moment, Achtsamkeit, Intuition, ein gutes Zeit- und Taktgefühl sowie für einen selbstbewussten Ausdruck.

Tor 21 - Das Tor der Selbstkontrolle und Autorität
Dieses Tor findest du im Herz-Zentrum. Es wird mit der Thymusdrüse und den Lungen assoziiert. Es steht für die Fähigkeit, stets deine wahren Werte auszudrücken, Autonomie, einen starken Willen und die Eigenschaft, sich in jeder Situation behaupten zu können.

Tor 22 - Das Tor der Anmut und Offenheit
Dieses Tor findest du im Solarplexus-Zentrum. Es wird mit den Nieren, der Bauchspeicheldrüse und dem Solarplexus assoziiert. Es steht für das Feingefühl, andere zu Offenheit und zum authentischen Ausdruck ihres wahren Wesens zu ermutigen.

Tor 23 - Das Tor der Assimilation und Klarheit im Ausdruck
Dieses Tor findest du im Kehl-Zentrum. Es wird mit der Kehle und der Schilddrüse assoziiert. Es steht für Klarheit im Inneren, in Worten und Schrift und der Kommunikation mit anderen.

Tor 24 - Das Tor der Geschenke und Innenschau
Dieses Tor findest du im Ajna-Zentrum. Es wird mit den Nebennieren und der Hypophyse assoziiert. Es steht für Nachdenklichkeit und ein natürliches Nach-innen-gerichtet-Sein, für tiefe Erkenntnisse und dem daraus hervorgehenden innerlichen Wachstum.

Tor 25 - Das Tor der göttlichen Ordnung und Liebe des Universums
Dieses Tor findest du im G-Zentrum. Es wird mit dem Herz und der Leber assoziiert. Es steht für eine kindliche Unschuld, Liebe ohne Bedingungen, der Verbindung mit dem Universum sowie der Fähigkeit zu heilen.

Tor 26 - Das Tor der Integrität und Raffinesse
Dieses Tor findest du im Herz-Zentrum. Es wird mit der Thymusdrüse assoziiert und steht für die Gabe der Überzeugungskraft und die Fähigkeit, auf andere Einfluss zu nehmen und sie zu bestimmten Dingen zu bewegen.

Tor 27 - Das Tor der Verantwortung und Selbstlosigkeit
Dieses Tor findest du im Sakral-Zentrum. Es wird mit dem Kreuzbeingeflecht, den Eierstöcken und den Hoden assoziiert. Es steht für Fürsorge sich selbst und anderen gegenüber, für Heilkräfte und das Nähren dieser Welt.

Tor 28 - Das Tor des Abenteuers und der Risiken
Dieses Tor findest du im Milz-Zentrum. Es wird mit dem Lymphsystem, den Nieren und der Milz assoziiert. Es steht für große Risikobereitschaft und Abenteuerlust. Durch diese intensiven Erlebnisse werden Einsichten über das eigene Selbst und das Leben gewonnen.

Tor 29 - Das Tor der Hingabe und des Entscheidens
Dieses Tor findest du im Sakral-Zentrum. Es wird mit dem Kreuzbeingeflecht, den Eierstöcken und den Hoden assoziiert. Es steht für das Wissen und Gefühl, wann die volle Hingabe an einen Menschen, ein Projekt und eine Mission angebracht ist und wann nicht.

Tor 30 - Das Tor der Leidenschaft und Sehnsucht
Dieses Tor findest du im Solarplexus-Zentrum. Es wird mit der Bauchspeicheldrüse, den Verdauungsorganen und dem Solarplexus assoziiert. Es steht für den Hunger nach neuen Erfahrungen, große Leidenschaft und das Verwirklichen von Träumen und das Manifestieren.

Tor 31 - Das Tor der Führung und des Einflusses
Dieses Tor findest du im Kehl-Zentrum. Es wird mit der Kehle, der Nebenschilddrüse und der Schilddrüse assoziiert. Es steht für den Weg in die Zukunft, den Einfluss durch Sprache und Taten sowie Dienen.

Tor 32 - Das Tor der Ausdauer und Bewahrung
Dieses Tor findest du im Milz-Zentrum. Es wird mit dem Lymphsystem und der Milz assoziiert. Es steht für Kontinuität, eigene Werte und einen beständigen Energiefluss.

Tor 33 - Das Tor des Geschichtenerzählers und Rückzugs
Dieses Tor findest du im Kehl-Zentrum. Es wird mit der Schilddrüse und der Nebenschilddrüse assoziiert. Es steht für das Ausdrücken und Verarbeiten von Geschichten, die einem erzählt wurden und von den eigenen Lebenserfahrungen. Die Weitergabe davon kann andere ermutigen und sie inspirieren.

Tor 34 - Das Tor der Kraft und des Charismas
Dieses Tor findest du im Sakral-Zentrum. Es wird mit dem Kreuzbeingeflecht, den Eierstöcken und den Hoden assoziiert. Es steht für Kraft, Macht, innere Stärke und die Fähigkeit, diese gewinnbringend für die Gesellschaft einzusetzen.

Tor 35 - Das Tor der Veränderung und besseren Welt
Dieses Tor findest du im Kehl-Zentrum. Es wird mit der Schilddrüse und der Nebenschilddrüse assoziiert. Es steht für den Wunsch, neue Erfahrungen zu machen, die zu persönlichem Wachstum führen und wiederum zu einer neuen, besseren Welt beitragen.

Tor 36 - Das Tor der emotionalen Erfahrungen und Visionen
Dieses Tor findest du im Solarplexus-Zentrum. Es wird mit den Nieren, der Bauchspeicheldrüse und dem Solarplexus assoziiert. Es steht für tiefgehende emotionale Erfahrungen, die als Antrieb für die Realisierung von großen Visionen genutzt werden können.

Tor 37 - Das Tor der sozialen Gemeinschaft und des Friedens
Dieses Tor findest du ebenfalls im Solarplexus-Zentrum. Es wird mit dem Solarplexus, den Nieren und der Bauchspeicheldrüse assoziiert. Es steht für Herzlichkeit, Zugehörigkeit, Loyalität und ein treues Herz.

Tor 38 - Das Tor der Werte und Fokussierung
Dieses Tor findest du im Wurzel-Zentrum. Es wird mit den Nebennieren assoziiert und steht für einen Drang nach Rechtschaffenheit, der die eigenen Werte verteidigt, sich gegen Ungerechtigkeiten einsetzt und rebellisch seinen eigenen Weg geht.

Tor 39 - Das Tor des Anstachelns und der Neuausrichtung
Dieses Tor findest du im Wurzel-Zentrum. Es wird auch mit den Nebennieren assoziiert und steht für Provokation und den Wunsch nach neuen Herausforderungen.

Tor 40 - Das Tor Rückzugs und der Ungebundenheit
Dieses Tor findest du im Herz-Zentrum. Es wird mit dem Magen assoziiert und steht für einen unbändigen Willen und die Kraft des Rückzuges, aber auch die Energie des Befreiens und der Freiheit.

Tor 41 - Das Tor der Visualisierung und des Neubeginns
Dieses Tor findest du im Wurzel-Zentrum. Es wird mit den Nebennieren assoziiert und steht für große Sehnsüchte, den Antrieb aus der Norm auszubrechen, Beschränkungen zu überwinden und durch die Vorstellungskraft neue Ideen in die Welt zu tragen.

Tor 42 - Das Tor der Dynamik und des Potenzials
Dieses Tor findest du im Sakral-Zentrum. Es wird mit den Eierstöcken, den Hoden und dem Kreuzbeingeflecht assoziiert. Es steht für die Auslebung und Vermehrung der Lebensenergie, Altes abzuschließen, auf diese Weise Neues entstehen zu lassen und so die Entwicklung aller und der Welt voranzutreiben.

Tor 43 - Das Tor der Pioniere und Ideen
Dieses Tor findest du im Ajna-Zentrum. Es wird mit dem inneren Ohr und der Hypophyse assoziiert. Es steht für außergewöhnliche Einsichten, bahnbrechende Ideen und Erleuchtung.

Tor 44 - Das Tor der Synergien und Kooperationen
Dieses Tor findest du im Milz-Zentrum. Es wird mit dem Lymphsystem und der Milz assoziiert. Es steht für Wachsamkeit, blitzschnelle Instinkte und die Gabe zu wissen, wann es an der Zeit für Veränderung ist. Du kannst andere in ihren Potenzialen fördern.

Tor 45 - Das Tor des Reichtums und Gemeinwohls
Dieses Tor findest du im Kehl-Zentrum. Es wird mit der Schilddrüse und der Nebenschilddrüse assoziiert. Es steht für das Sammeln und Verteilen von materiellen
sowie geistigen Dingen im Leben.

Tor 46 - Das Tor der glücklichen Umstände und Liebe zum Körper
Dieses Tor findest du im G-Zentrum. Es wird mit der Leber und dem Blut assoziiert. Es steht für Aufgeschlossenheit gegenüber Zufälligkeiten und ein starkes Bewusstsein für den Körper, seine Bedürfnisse und die vielen Wege ihm Freude zu bereiten.

Tor 47 - Das Tor des Verstehens und der Verwandlung
Dieses Tor findest du im Ajna-Zentrum. Es wird mit der Großhirnrinde und der Hypophyse assoziiert. Es steht für den Wunsch, Erlebtes durch Interpretation zu einem sinnvollen Ganzen zusammenzufügen, um Verwirrung in Klarheit zu verwandeln.

Tor 48 - Das Tor des Tiefgangs und Einfallsreichtums
Dieses Tor findest du im Milz-Zentrum. Es steht für Tiefgang und das Gelangen zu Einsichten, die der Gesamtheit der Menschen helfen können. Es befähigt dazu, Lösungen für scheinbar unlösbare Probleme zu finden.

Tor 49 - Das Tor der Erneuerungen und Revolution
Dieses Tor findest du im Solarplexus-Zentrum. Es wird mit den Nieren, dem Solarplexus und der Bauchspeicheldrüse assoziiert. Es steht für die Kraft, sich selbst und andere zu dem Ausleben der höchsten Prinzipien zu inspirieren, sowie für Revolution.

Tor 50 - Das Tor der Werte und des Miteinanders
Dieses Tor findest du im Milz-Zentrum. Es wird mit der Milz und dem Lymphsystem assoziiert. Es steht für Selbstfürsorge, den Wunsch nach Verantwortung und für die Sorge um und für das Nähren anderer, aber auch für das Achten der Werte anderer.

Tor 51 - Das Tor der Kühnheit und Initiative
Dieses Tor findest du im Herz-Zentrum. Es wird mit der Gallenblase sowie mit der Thymusdrüse assoziiert. Es steht für das Bestreben, der oder die Beste zu sein, und für eine starke Willenskraft.

Tor 52 - Das Tor der Stabilität und Klarheit
Dieses Tor findest du im Wurzel-Zentrum. Das Zwerchfell und die Nebennieren werden damit assoziiert. Es steht für das Verständnis, in der Ruhe und Entspannung Kraft und Sicherheit zu finden, sowie für die Fähigkeit, neue Perspektiven einnehmen zu können.

Tor 53 - Das Tor der neuen Erfahrungen und Expansion
Dieses Tor findest du im Wurzel-Zentrum. Es wird mit dem Zwerchfell und den Nebennieren assoziiert. Es steht für den Neubeginn, unabhängig davon, ob Altes bereits abgeschlossen wurde. Außerdem sorgt es stets für viel Inspiration und Energie, neue Projekte und Ideen aus dem Boden zu stampfen und nach vorn zu bringen.

Tor 54 - Das Tor des Strebens und Erfolgs
Dieses Tor findest du im Wurzel-Zentrum. Es wird mit den Nebennieren und dem Steißbein assoziiert. Es steht für das Streben, in allen Bereichen des Lebens Erfolg zu haben und sie voll auszukosten.

Tor 55 - Das Tor des Vertrauens und Aufstiegs
Dieses Tor findest du im Solarplexus-Zentrum. Es steht für die Sehnsucht, das Leben in all seiner Herrlichkeit zu spüren und emotionsgeladene Visionen mit der Welt zu teilen. Es beinhaltet ebenfalls den Samen für grenzenlose Kreativität.

Tor 56 - Das Tor der Entdecker und Reisenden
Dieses Tor findest du im Kehl-Zentrum. Es wird mit der Schilddrüse und der Nebenschilddrüse assoziiert. Es steht für die Fähigkeit, andere Menschen mit Weitsicht und Erzählungen zu inspirieren und so die Veränderung auf der Erde voranzutreiben.

Tor 57 - Das Tor der Wahrnehmung und des Instinkts
Dieses Tor findest du im Milz-Zentrum. Es steht für das innere Gespür, genau zu wissen, was der Gesundheit, dem Wohlbefinden und dem Überleben zuträglich ist und was nicht. Bedürfnisse werden wahrgenommen und es wird die Initiative ergriffen, um diese zu stillen.

Tor 58 - Das Tor der Freude und Lebensenergie
Dieses Tor findest du im Wurzel-Zentrum. Es wird mit den Nebennieren, dem Beckenboden und dem Damm assoziiert. Es steht für die Freude, am Leben zu sein, Begeisterung, die natürliche Gabe zu Spitzenleistungen und eine nie enden wollende Quelle aus Zuversicht und Tatendrang, die Welt ein bisschen besser zu machen.

Tor 59 - Das Tor der Ungezwungenheit und Sexualität
Dieses Tor findest du im Sakral-Zentrum. Es wird mit den Eierstöcken, den Hoden und dem Kreuzbeingeflecht assoziiert. Es steht für Fruchtbarkeit, das Bestreben nach Verbindungen mit anderen, Schöpfungskraft und Fortpflanzung.

Tor 60 - Das Tor der Begrenzung und Verwandlung
Dieses Tor findest du im Milz-Zentrum. Es wird mit dem Dickdarm und den Nebennieren assoziiert. Es steht für einen starken Fokus, eine gute Portion Realismus und Optimismus, bestimmte Bedingungen zunächst zu akzeptieren, um sie dann zum Besseren zu verändern.

Tor 61 - Das Tor der Authentizität und des Forschens
Dieses Tor findest du im Kronen-Zentrum. Es wird mit der Zirbeldrüse assoziiert. Es steht für einen beständigen Wissens- und Forscherdrang, was das Unbekannte und Unerforschte betrifft. Auch im Zusammenhang mit Dingen, die andere gerne verheimlichen möchten.

Tor 62 - Das Tor des Erfassens und der Verarbeitung
Dieses Tor findest du im Kehl-Zentrum. Es wird mit der Schilddrüse und der Kehle assoziiert. Es steht für die Logik, Organisation, Fakten, Zahlen, Statistiken, ein großes Wissen und Genauigkeit. Das Erfassen und Formulieren komplizierter Zusammenhänge fällt leicht.

Tor 63 - Das Tor des Hinterfragens und Lernens
Dieses Tor findest du ebenfalls im Kronen-Zentrum. Es wird mit der Zirbeldrüse assoziiert und steht für das Zweifeln, um zu überprüfen, sowie die Gabe, die richtigen Fragen zu stellen, um wertvolle Antworten über die Natur des Lebens und Seins zu erhalten, die zum Ausleben von neuen Potenzialen befähigen.

Tor 64 - Das Tor des Analysierens und der Potenziale
Auch das letzte Tor findest du im Kronen-Zentrum. Es wird mit der Zirbeldrüse, der rechten Gehirnhälfte und dem linken Auge assoziiert. Es steht für das Reflektieren von Vergangenem, um ein tieferes Verständnis des Erlebten zu erlangen. Außerdem befähigt es zu lebhaften Träumen und ist ursächlich für einen immensen Ideenreichtum.

Selbstcoaching:

Betrachte die in deinem Human Design Chart aktivieren Tore und schreibe sie auf. Überlege dir konkret, mit welchen neuen Beschäftigungen du deine Potenziale weiter ausbauen und noch mehr leben kannst.

Halte diese Ideen fest und setzte sie innerhalb der nächsten vier Wochen um.

Notiere dir zusätzlich, wie du deine Fähigkeiten noch mehr in deine aktuellen Beziehungen einbringen und anderen etwas Gutes damit tun kannst (sofern von ihnen eine verbale und oder non-verbale Einladung erfolgt ist).

Schritt 7

Die 12 Profile

Neben deinem Human Design Grundtypen gehört außerdem eines von 12 Profilen zu dir. Dein Profil bestimmt, wie du in Beziehungen (mit anderen) am besten interagierst und auf welcher Stufe der Inkarnation du dich in deinem aktuellen Leben auf der Erde befindest. Dein Profil gibt Hinweise auf die Art deines Lebensweges und geht maßgeblich aus deiner bewussten Sonnenlinie (diese findest du auf der rechten Seite deines Charts) sowie deiner unbewussten Sonnenlinie (diese findest du auf der linken Seite deines Charts) hervor. Laut des Human Design Systems wird dir bei jeder Wiedergeburt eines dieser 12 Profile zuteil, sodass du neue und tiefgreifende Erfahrungen machen und Einsichten gewinnen kannst.

Von den sechs möglichen Linien im Human Design verfügt jede einzelne über bestimmte Faktoren und Besonderheiten. Abhängig davon, ob sich die entsprechende Zahl auf der linken oder rechten Seite in deinem Profil befindet, lebst du den jeweiligen Aspekt bewusst oder unbewusst.

Es wird zwischen persönlichen Profilen entschieden, bei denen es hauptsächlich um das eigene Wirken und das bewusste Erleben des menschlichen Daseins, mitsamt aller möglichen Beziehungen zu anderen, geht. Zu diesen Profilen gehören 1/3, 1/4, 2/4, 2/5, 3/5 als auch 3/6.

Das transformierende Profil 4/6 gehört ebenfalls zu den persönlichen Profilen, jedoch ist es durch besondere transpersonale Fähigkeiten durchzogen (dazu später mehr).

Transpersonale Profile unterscheiden sich von den persönlichen Profilen insoweit, dass ihr Sein, Bestreben und Wirken über das Persönliche hinausgeht. Zu ihnen gehören die Profile 5/1, 5/2, 6/2 und 6/3.

Ein fixierendes Profil wie 4/1 ist in der jeweiligen Inkarnation, um auf Grundlage seines Wissens und seiner Lebenserfahrungen neue Pläne, Weisheiten und Theorien in die Welt hinauszutragen und so für Fortschritt und Innovation zu sorgen.

Genau wie bei deinem Human Design Grundtypen, den aktivierten Kanälen und „Hanging Gates" mit der scheinbar magnetischen Verbindung zu einem anderen Menschen mit dem entsprechenden ausgefüllten Kanal, entscheidet auch dein Human Design Profil darüber, mit welchen Menschen du sehr gut zusammenpasst – und mit welchen schon von vornherein Ärger vorprogrammiert ist. Im Folgenden erfährst mehr du die charakterlichen Unterschiede der einzelnen Profile und ihrer Vorlieben darüber, mit der Welt in Kontakt zu treten.

Persönliche Profile
1/3 1/4 2/4 2/5 3/5 3/6

Persönliches und transformierendes Profil
4/6

Transpersonale Profile
5/1 5/2 6/2 6/3

Fixierendes Profil
4/1

PROFIL 1/3 - DER RUHELOSE ENTDECKER

Dieses Profil liebt das Abenteuer, Neues zu wagen und das Genießen von Freiheit. Klare und direkte Kommunikation sowie der Wunsch nach Flexibilität und viel Spielraum in allen Lebenslagen zeichnet es aus. Diese Menschen spüren instinktiv, ob eine Sache oder zwischenmenschliche Beziehung erfolgversprechend ist oder eher nicht.

✦ **Beziehungstipp:** Einengende Beziehungen und feste Strukturen sind nichts für diese Menschen! Wenn du dich auf sie einlässt, darfst du dich auf einen wilden Ritt gefasst machen!

PROFIL 1/4 - DER BEEINFLUSSENDE ENTDECKER

Dieses Profil ist überaus sozial und mag den Kontakt zu anderen. Eine gesunde Vorsicht, Disziplin und penible Genauigkeit zeichnen es aus. Die Angst davor, sich gänzlich zu zeigen, weil diese Menschen immer befürchten, vom anderen nicht vollständig angenommen zu werden, vermischen sich mit einer warmen, authentischen Herzlichkeit. Wenn diese Profile generell oder insbesondere an sich zweifeln, streben sie meist den Rückzug an.

✦ **Beziehungstipp:** Zeige ihr oder ihm ohne Rückhalt deine Liebe, Anerkennung und Wertschätzung. Achte darauf, dass zwischen euch ein gesundes Machtverhältnis und ein ausgeglichener Energieaustausch herrscht.

Profil 2/4 - Der geheimnisvolle Eremit

Dieses Profil besticht durch eine sanftmütige, besonnene Art, die jedoch auch in Reizbarkeit umschlagen kann, wenn Nähe-Distanz-Grenzen überschritten werden und nicht genügend Raum für die persönliche Entfaltung und den Rückzug von anderen gewährt wird. Herzenswärme wie auch Aufgeschlossenheit und eine natürliche, manchmal gar kindliche Freude gehören ebenso zu diesem Profil wie ein wenig gut ausgeprägtes Selbstwertgefühl. Die 2/4 braucht andere, um sich selbst zu erkennen und ist daher stets darauf aus, Rückmeldungen vom eigenen Umfeld zu erhalten.

✦ **Beziehungstipp:** Achte darauf, dass du deinem Partner einerseits Freiraum lässt und andererseits jederzeit offen zeigst, dass du bereit für Zweisamkeit und echte Nähe bist. Lass dein Herzblatt in regelmäßigen Abständen wissen, was du an ihm schätzt und lege den Fokus auf gemeinsames Lachen und viel, viel Zärtlichkeit.

Profil 2/5 - Der lösungsorientierte Eremit

Einerseits liebt das Profil das Alleinsein, andererseits spürt es immer wieder, dass in ihm Kräfte schlummern, die es zu einem hervorragenden Anführer einer kleinen und auch großen Gruppe befähigen. Diese Gabe kollidiert jedoch immer mal wieder mit dem Bedürfnis nach Ruhe und Alleinsein. Es ist nicht einfach, mit der 2/5 rasant auf emotionale Tuchfühlung zu gehen, denn Menschen mit diesem Profil sind meist ein wenig distanziert und können nicht mit jedem über tiefgreifende Empfindungen und Erfahrungen sprechen.

2/5er haben außerdem oft viele groß- und neuartige Ideen und sind äußerst geschickt, wenn es darum geht, Lösungen für schwierige Probleme zu finden.

✦ **Beziehungstipp:** Es dauert ein bisschen, hinter die vielen Fassaden zu blicken, die ein 2/5er Profil oftmals für die Außenwelt für sich kreiert hat. Obendrein ist da die Sache mit der Vorliebe für das Umherziehen, und hast du einen solchen Menschen aber erst einmal an deiner Seite, kannst du dir sicher sein, dass er dir meist den Vortritt lässt, wenn es um wichtige Entscheidungen geht. Gleichzeitig ist auf ihn in praktischer Hinsicht stets Verlass.

Profil 3/5 - Der charismatische Forscher

Dieses Profil verfügt über ein beeindruckendes Durchhaltevermögen und den intrinsisch motivierten Wunsch, den Dingen auf den Grund zu gehen. Es kommt nicht selten vor, dass 3/5er die Gesellschaft mit ihren geistigen Errungenschaften nachhaltig zum Besseren verändern. Dennoch wohnt Menschen mit diesem Profil ein leichter Hang zum negativen Denken inne, der sich verstärkt, wenn ihre Vorhaben einmal nicht wie geplant laufen. Wenn sie jedoch verstehen, dass das Herausfinden von dem, was nicht klappt, sie weiter in die Richtung des Projekts führt, *das* funktioniert, sind sie wahrlich zu Großem fähig.

✦ **Beziehungstipp:** Bestärke deinen Partner oder deine Partnerin immer wieder in ihren Vorhaben fortzufahren und sich nicht entmutigen zu lassen. 3/5er finden besonders gut Harmonie und ihre eigene Mitte, wenn sie mit Lebensgefährten und Freunden zusammen sind, die sie an die positiven Seiten aller Dinge erinnern.

Profil 3/6 - Der weise Wagehals

Einer Person mit diesem Profil wohnt eine große Weisheit inne. Es fällt ihr leicht, über den Tellerrand hinauszuschauen und lose Fäden zu einem sinnvollen Ganzen zu verknüpfen. Genau wie die 3/5er zeichnet Beharrlichkeit und Durchhaltevermögen jene Menschen aus. Trotz ihrer Weisheit können sie auf andere manchmal unbesonnen wirken, wenn sie ihren Hang zum Risiko und zu impulsiven Reaktionen nicht bremsen.

✦ **Beziehungstipp:** 3/6er mögen es, wenn sie dir helfen können, indem sie dir einen Rat für dein Leben oder ein bestimmtes Problem geben. Mit ihnen kannst du in der einen Minute tiefgründige Gespräche führen und in der nächsten einen spontanen Roadtrip einlegen! Sei dir gewiss – mit einer 3/6 an deiner Seite wird es niemals langweilig!

Profil 4/1 - Der fokussierte Meister

Menschen mit einem 4/1er Profil sind nicht nur gute Schultern zum Anlehnen und Lehrende, sie sind auch äußerst selten. Da sie zu den fixierten Profilen gehören, gibt es in ihrem gesamten Leben nur ein einziges, übergeordnetes Thema (welches durch die bewusste Sonne auf der rechten Seite des Bodygraphs definiert wird).

✦ **Beziehungstipp:** Versuche gar nicht erst, deinen Partner oder deine Partnerin zu verbiegen. Entweder, er oder sie ist – Stand jetzt und hier – der oder die Richtige für dich oder es passt einfach nicht. Das Grundthema des 4/1ers wird dir, solange ihr zusammen seid, immer wieder begegnen.

PROFIL 4/6 - DER SCHARFSINNIGE FORSCHER

Dieses Profil zeichnet sich durch einen blitzgescheiten Verstand und eine herausragende Beobachtungsgabe aus. Es ist überaus sozial eingestellt, interessiert sich für das Wohl aller und setzt sich dafür ein. Diese Menschen sind liebevoll im Umgang mit anderen. Wenn es um wichtige Entscheidungen und bestimmte Verhaltensmuster geht, fällt es ihnen jedoch zumeist schwer, ihr Herz und ihren Verstand in Einklang zu bringen.

✦ **Beziehungstipp:** Wenn deine Liebste oder dein Liebster einmal wieder nicht weiterweiß, helfe mit deiner Präsenz, deinen Worten und Taten dabei, dass sie oder er raus aus dem ewig schnatternden Kopf und wieder hinein ins Herz gelangt. Auf diese Weise gibst du die bestmögliche Unterstützung und Ermächtigung.

PROFIL 5/1 - DER EINFALLSREICHE ANFÜHRER

Auf Menschen mit einem 5/1er Profil ist zu jeder Tages- und Nachtzeit Verlass. Wenn sie etwas versprechen, halten sie sich daran. Sie sind ausgezeichnet darin, Konflikte und problematische Situationen auf kluge Weise zu lösen und andere zu führen. Ihnen wohnt ein großer Wissensschatz inne, sie sind ihrer Arbeit sehr zugetan und definieren zum Teil ihren eigenen Wert durch ihr Schaffen.

✦ **Beziehungstipp:** Diesen Personen fällt es nicht leicht, sich vollständig zu öffnen und in Kontakt mit ihrem fühlenden Inneren zu kommen. Das heißt aber nicht, dass sie es nicht wollen oder nicht fähig dazu sind. In einer Partnerschaft braucht es daher ein wenig Geduld und Feingefühl.

Profil 5/2 - Der brillante Alleingänger

Diese Profile haben durch und durch etwas Eigenbrötlerisches. Große Menschenmengen sind ein Graus für sie, ebenso wie feste Termine und allgemein soziale Veranstaltungen. Sie verfügen über einen brillanten Verstand, viel Energie zum Realisieren von projektbasierten Unternehmungen und die Fähigkeit, die Welt mit etwas Abstand zu betrachten. Allerdings sind diese Menschen oft sehr streng zu sich selbst und kritisieren sich rasch für jeden noch so kleinen Fehler.

✦ **Beziehungstipp:** Wenn dieser Mensch dir erst einmal vertraut und dich gerne in seiner Nähe hat, kannst du viel Spaß mit ihm haben. 5/2er mögen es, die Seele baumeln zu lassen, sie lachen gerne und lieben Abwechslung. Wenn du über den Drang deiner Gefährtin oder deines Gefährten, ständig sehr hart mit sich ins Gericht zu gehen, hinwegsehen kannst, ist dieser Mensch ein toller Partner.

Profil 6/2 - Das optimistische Vorbild

Dieses Profil braucht einen Raum nur zu betreten, da drehen sich alle nach ihm um. Es verfügt über eine angeborene Autorität, welche die meisten Menschen bewundern. 6/2er lieben es, sich fortlaufend fortzubilden und Neues zu lernen. Sie drücken sich klar aus, sind vornehmlich optimistisch gestimmt und haben hohe Ideale an sich und andere. Überdies sind sie echte Sonnenscheine und können andere im Handumdrehen mit ihrer spritzigen, heiteren Art zum Lachen bringen.

✦ **Beziehungstipp:** Lass dich nicht einschüchtern, wenn dir eine 6/2 begegnet. Sie trägt das Herz am rechten Fleck und wenn sie dich erst einmal in ihres hineingelassen hat, kannst du dort auf Lebzeit verweilen. Diese Menschen sind treue Seelen, die es lieben, sich mit dir über neu Gelerntes auszutauschen und deine Standpunkte zu bestimmten Themen zu erfahren.

Profil 6/3 - Das weise Vorbild

6/3er Profile zeichnen bereits in jungen Jahren eine gewisse Reife aus. Diese Menschen sind, seit sie denken können, an Fortschritt und Innovation interessiert. Sie wollen das Leben auskosten, Abenteuer erleben und zugleich bahnbrechende Erfolge in allen Bereichen erlangen. Sie sind die weitsichtigsten aller 12 Profile und können ein großes Vorbild für andere sein.

✦ **Beziehungstipp:** Diese Menschen brauchen es ganz besonders, dass du ihnen dein wahres, authentisches Selbst möglichst früh einer beginnenden Freundschaft oder Beziehung zeigst.

Welche Profile harmonieren miteinander?

Wenn es um die richtige Partnerwahl geht, sind selbstverständlich nicht nur die beiden Human Design Profile ausschlaggebend dafür, ob jemand gut mit jemand anderem zusammenpasst oder nicht. Auch die Grundtypen spielen eine große Rolle, die aktivierten Tore und Kanäle. Darüber hinaus gibt es stets eine Vielzahl weiterer Faktoren, die beeinflussen können, wie gut zwei unterschiedliche Menschen miteinander harmonieren.

Denn auch zwei erst einmal scheinbar inkompatible Personen geben mitunter ein hervorragendes Liebespaar ab, wenn bestimmte Einflüsse die vorhandenen Grunddifferenzen ausgleichen.

Dennoch kann es vorteilhaft sein, von vornherein zu schauen, wie der andere im Umgang mit seinen Mitmenschen tickt und welche Grundtendenzen sie oder er hat. So kannst du dir frühzeitig überlegen, zu welchen Kompromissen du bereit bist und zu welchen nicht.

Zur Erinnerung im Hinblick auf dein eigenes Sein und das deiner potenziellen anderen Hälfte:
Wenn du im Human Design System eine 1 in deinem Profil hast, bedeutet dies, dass du erst einmal ganz genau herausfinden möchtest, inwieweit die andere Person zu dir passt, ehe du dich auf sie einlässt. Die Unsicherheit, die du zu Beginn einer neuen zwischenmenschlichen Beziehung verspürst, verfliegt schnell, wenn du dir die Zeit lässt, die du zum Kennenlernen brauchst. Auf andere wirkst du mitunter sehr selbstbewusst, strahlst jedoch auch eine gewisse Ruhelosigkeit und Unabhängigkeit aus. Kurz gesagt: Es kann gut sein, dass deine Mitmenschen meinen, du würdest dich nicht festlegen wollen. Dabei geht es dir lediglich darum, auch wirklich die Richtige oder den Richtigen zu finden. Ist dir das gelungen – sagt dein Herz erst einmal Ja –, bist du durchaus offen für ein „Für Immer" und genießt die Stabilität in der Beziehung.

Hast du eine 2 in deinem Profil, bist du Zeit deines Lebens immer ein bisschen hin- und hergerissen zwischen deinem Bedürfnis allein zu sein und Zeit mit deinen Herzensmenschen zu verbringen. Du liebst es, dich mit anderen zu verbinden, aber im Alleinsein schöpfst du Kraft. Du verfügst über viele natürliche Talente, um die dich andere beneiden – dabei sind dir einige von ihnen selbst nicht einmal vollends bewusst. Du bist ein sehr umgänglicher Mensch, der sich manchmal unsicher fühlt und daher auf Rückmeldungen von außen baut, um sich sicher in seinem persönlichen Ausdruck zu fühlen. Ab und zu hast du die Tendenz dazu, zu viel in Beziehungen zu geben, daher ist es sehr wichtig, darauf ein Augenmerk zu haben. Du bist äußerst wählerisch, wenn es darum geht, mit welchen Menschen du dich umgibst.

Mit einer 3 im Profil liebst du das Herumexperimentieren in allen Bereichen. Du schöpfst tiefe Weisheiten und Einsichten aus deinen Erfahrungen, neigst jedoch dazu, deine Fehltritte zu hart zu kritisieren. Dabei gehört es zum Lernen und zum Leben dazu, dass nicht alle Vorhaben oder Beziehungen in einem Erfolg münden. Du darfst und solltest nicht Funktionierendes hinter dir lassen und weiter voran auf deinem Lebensweg schreiten, wachsen und dich in Geduld üben – habe Vertrauen in den Prozess, dann werden sich dir Türen öffnen.

Hast du eine 4 in deinem Profil, dann gehörst du zu den herzlichsten Menschen überhaupt. Mit neuen Menschen zurechtzukommen, fällt dir leicht, du bist sehr kommunikativ und liebst es, zwischenmenschliche Verbindungen herzustellen. Die Kehrseite deiner Offenheit ist, dass du recht sensibel bist, dich schnell verletzt fühlst und dann in dein Schneckenhaus zurückziehst – oder dem anderen die kalte Schulter zeigst. Es ist wichtig, dass du einen Partner oder eine Partnerin hast, die deine sensible Seite sieht und anerkennt sowie mit ihr umzugehen weiß. Dennoch ist es an dir, deine Wünsche offen und klar zu kommunizieren und für sie einzustehen.

Wenn du eine 5 in deinem Profil hast, liegt dir das Lösen von Problemen und Schwierigkeiten aller Art im Blut. Das ist eine großartige Sache, kann jedoch auch dazu führen, dass du gerade die Menschen anziehst, die der Meinung sind, sie bräuchten einen anderen Menschen, der für sie selbst in ihrem Leben aufräumt. Aus so einer Haltung können schnell ungesunde und für keinen der beiden Parteien befriedigende Beziehungen entstehen. Darüber hinaus hast du eine einnehmende Ausstrahlung und jede Menge Charisma, das die Menschen um dich herum in seinen Bann zieht. Für dich ist es besonders wichtig bei deiner Partnerwahl sicherzustellen, dass du für dein echtes, authentisches Ich und nicht für die Person geliebt und geschätzt wirst, die der andere in dir sehen *will*. Ein herzlicher Mensch, der auf dem Boden geblieben und stets besonnen ist, tut dir besonders gut.

Mit einer 6 im Profil gehörst du zu den weisesten Menschen überhaupt. Dein Wesen mag auf die Personen um dich herum mitunter sogar einschüchternd wirken. In deiner Jugend bis hin zu deinen Dreißigern steht das Ausprobieren ganz oben auf deiner To-do-Liste. In der weiteren Hälfte deines Lebens wirst du deutlich ruhiger, was den Experimentierdrang angeht – was nicht bedeutet, dass dein Wissensdurst erlischt. Ein echter Seelengefährte ist für dich jemand, der mit dir auf Augenhöhe ist und dich auf deinem Weg der Selbsterkenntnis und deines Wirkens in der Welt zu jeder Zeit unterstützt.

Nun weißt du über die Grundzüge der unterschiedlichen Profile Bescheid und brennst darauf zu erfahren, welche denn nun besonders kompatibel sind. An dieser Stelle sei noch einmal gesagt, dass die nachfolgende Liste lediglich einen Richtwert darstellen soll. Lasse dich ihretwegen nicht davon abhalten, einen für dich spannenden Menschen in der Tiefe kennenzulernen, nur weil er auf dem Papier nicht der passende für dich zu sein scheint.

1/3er in Partnerschaften allgemein: Das Hauptaugenmerk dieser Personen liegt auf sich selbst. Erst, wenn sie etwas vom anderen erhalten haben, sind sie (meist) bereit, auch etwas zurückzugeben. Das liegt daran, dass sie erst einmal eine gewisse Zeit brauchen, um herauszufinden, ob der andere wirklich zu ihnen passt und vertrauenswürdig ist. Ist sich die 1/3 der Loyalität seines Gegenübers sicher, wird die Beziehung durch anhaltende Treue und Verbundenheit geprägt sein.

1/3er Profile passen am besten mit 1/3ern und 4/6ern zusammen. Weitere fruchtvolle Verbindungen ergeben sich für sie mit 3/5ern, 3/6ern, 5/1ern und 6/3ern.

1/4er in Partnerschaften allgemein: Diese Personen haben ein sehr, sehr großes Herz (das jedoch auch vorsichtig ist, wenn es darum geht, sich vollends zu öffnen). Es ist wichtig, dass sie von ihren Partnern für ihr Sein und Tun wertgeschätzt werden und ein gewisses Maß an Ruhe und Stabilität durch sie erfahren. Menschen des genannten Profils reagieren besonders stark auf körperliche Nähe. Diese führt bei ihnen zu immer mehr Vertrauen und einem Gefühl von Sicherheit.

1/4er Profile passen am besten mit 1/4ern zusammen. Weitere fruchtvolle Verbindungen ergeben sich für sie mit 2/4ern, 4/1ern und 4/6ern.

2/4er in Partnerschaften allgemein: Diese Personen sind oftmals ein wenig zerrissen. Das liegt an ihrem großen Herz und dem Wunsch nach Verbindungen mit anderen und Beisammensein – dem gleichzeitigen Bedürfnis nach Ruhe und Abgrenzung. Sie brauchen einen Partner, der genau das versteht und ihnen Raum zum Ausleben beider Welten gibt. Diese Menschen geben viel und erwarten in diesen Situationen nicht unbedingt etwas zurück. Doch wenn der Tag kommt, an dem sie auch einmal auf den anderen angewiesen sind, ist es sehr wichtig, dass dieser sie dann nicht im Stich lässt. Denn das könnte die Wärme des Herzens der 2/4 für die besagte Person zum Erkalten bringen.

2/4er Profile passen am besten mit 2/4ern und 5/1ern zusammen. Weitere fruchtvolle Verbindungen ergeben sich für sie mit 2/5ern, 4/6ern, 5/2ern und 6/2ern.

2/5er in Partnerschaften allgemein: Diese Personen mögen es, ihre vielen charakterlichen Facetten (und manchmal auch die anderer) auszuleben und mit ihnen zu spielen. Dennoch brauchen sie es, dass nahestehende Menschen sie für ihr wahres Selbst und nicht für eine ihrer unterschiedlichen Rollen lieben. Auch sie steuern so manches Mal gerne den Rückzug an und sind gerne allein. Sie brauchen ebenfalls sehr viel Vertrauen, um sich dem anderen vollständig und in ihrer gesamten Verletzlichkeit zeigen zu können.

2/5er Profile passen am besten mit 2/5ern zusammen. Weitere fruchtvolle Verbindungen ergeben sich für sie mit 5/2ern, 2/4ern und 5/1ern.

3/5er in Partnerschaften allgemein: Diese Menschen haben einen schier unstillbaren Hunger nach Abenteuer und intensiven Erlebnissen. Mit einer Person wie dieser wirst du glühende Leidenschaft, Romantik und immer neue Spektakel erleben. Aber sei gewarnt, denn diese Menschen erwarten, dass du mit ihrem Temperament mithalten kannst. Sie wollen außerdem emotionale Tiefe und sind bereit, jede Gefühlswelle gemeinsam mit ihrem Liebsten oder ihrer Liebsten zu reiten.

3/5er Profile passen am besten mit 3/5ern und 6/2ern zusammen. Weitere fruchtvolle Verbindungen ergeben sich für sie mit 3/6ern, 5/1ern, 5/2ern und 6/3ern.

3/6er in Partnerschaften allgemein: Auch diese Personen sind freiheitsliebend. Mit ihrem Charisma, ihrer Ausstrahlung und ihrem Sexappeal ziehen sie andere Menschen magisch an. Hinzu kommt ihr Intellekt und ihre innere Reife – eine unschlagbare Kombination! Sie lieben es, fremde Länder und Kulturen zu erforschen, sind jedoch besonders ab der Mitte ihres Lebens hin und wieder nicht ganz sicher, was sie eigentlich vom Leben wollen (besonders auf ihr Schaffen und Wirken in der Welt betreffend). Mit einer Partnerschaft, in der sich Verständnis und Stabilität auf natürliche Weise mit Abenteuerlust verbinden, blühen sie auf und finden zu sich selbst.

3/6er Profile passen am besten mit 3/6ern und 6/3ern zusammen. Weitere fruchtvolle Verbindungen ergeben sich für sie mit 1/3ern und 3/5ern.

4/6er Profile in Partnerschaften allgemein: In diesen Menschen vereint sich ein riesiges Herz und eine stark ausgeprägte innere Tiefe. Sie sind äußerst einfühlsam und geben aufgrund ihrer Verletzbarkeit meist nur ungern alles von sich preis. Sie mögen es, Menschen miteinander zu verbinden und in Gesellschaft derer zu sein, mit denen sie sich rundum wohlfühlen. Bevor sie sich vollständig auf jemanden einlassen, brauchen sie eine solide Vertrauensbasis und im Anschluss sehr viel physischen Kontakt, um sich sicher zu fühlen.

4/6er Profile passen am besten mit 4/6ern und 1/3ern zusammen. Weitere fruchtvolle Verbindungen ergeben sich für sie mit 1/4ern, 2/4ern, 4/1ern und 6/2ern.

4/1er Profile in Partnerschaften allgemein: Diese Personen kannst und solltest du nicht verbiegen. Mit ihrem fixierten Profil sind sie auf dieser Welt, um ein bestimmtes Thema für sich zu transformieren. Anders als die meisten Menschen brauchen sie so gut wie nie gut gemeinte Ratschläge von außen. Das größte und zugleich für ihn oder sie bezauberndste und verführerischste Geschenk, das du deinem Seelengefährten oder deiner Seelengefährtin machen kannst, ist Annahme. Akzeptiere und wertschätze den Menschen deines Herzens genau so, wie er ist und bestärke ihn täglich darin, noch authentischer zu sein.

4/1er Profile passen am besten mit 4/1ern und 1/4ern zusammen. Eine weitere fruchtvolle Verbindung ergibt sich für sie mit dem Profil 4/6.

5/1er Profile in Partnerschaften allgemein: Diese Menschen haben etwas Einnehmendes und überaus Verführerisches. Doch kommst du ihnen nahe, wird dir bald bewusst, dass sie nicht so leicht zu durchschauen sind, wie zuvor angenommen. Sie flirten zwar gerne und wirken nach außen hin bereit für die Liebe, doch sich wahrhaft gefühlsmäßig auf einen anderen einzulassen, fällt ihnen sehr, sehr schwer. Sie sind fantastisch, wenn es darum geht, praktische Dinge mit dem Verstand und kühler Logik zu lösen. Aber bei emotionalen Angelegenheiten nehmen sie am liebsten Reißaus. Das muss jedoch nicht so sein, denn wenn diese Person in einer Partnerschaft deutlich erfährt, dass der oder die Andere großen Wert auf das Entwickeln der gemeinschaftlichen Interaktion legt, wird sie sich mitunter doch auf neues Territorium vorwagen.

5/1er Profile passen am besten mit 5/1ern und 2/4ern zusammen. Weitere fruchtvolle Verbindungen ergeben sich für sie mit 1/3ern, 2/5ern und 3/5ern.

5/2er Profile in Partnerschaften allgemein: Personen mit diesem Profil zeichnet genau wie ihren Vorgängern mit der 5/1 eine gewisse distanzierte Grundhaltung aus, wenn man sie erst einmal näher kennenlernt. Dabei verfügen sie über einen ähnlichen Charme wie das erwähnte Profil und sind ausgezeichnet im Lösen von Problemen aller Art. Sie haben etwas leicht Widersprüchliches an sich, diese 5/2er. Einerseits lieben sie es, extrovertiert zu sein, andererseits brauchen sie auch das Alleinsein und schotten sich gerne mal eine Zeit lang ab. Ähnlich wie bei den 4/2ern benötigen sie einen Partner, der dies versteht und damit umgehen kann. Hinzu kommt, dass 5/2er viel Bestätigung und Anerkennung in ihren Beziehungen brauchen, um sich geliebt und geerdet zu fühlen.

5/2er Profile passen am besten mit 5/2ern und 2/5ern zusammen. Weitere fruchtvolle Verbindungen ergeben sich für sie mit 2/4ern und 3/5ern.

6/2er Profile in Partnerschaften allgemein: Menschen mit diesem Profil streben nach Autonomie und brauchen enorm viel Zeit für sich. Sie brauchen diesen Raum, um in sich zu gehen, zu reflektieren und über Gott und die Welt nachzusinnen. Sie bringen Ruhe und Gelassenheit in eine Beziehung, Lachen und manchmal eine große Spontanität. Verständnis sowie den eigenen Wunsch nach innerem Wachstum sollte ein Partner oder eine Partnerin einer 6/2 für eine erfüllende Beziehung mitbringen.

6/2er Profile passen am besten mit 6/2ern und 3/5ern zusammen. Weitere fruchtvolle Verbindungen ergeben sich für sie mit 2/4ern, 4/6ern und 6/3ern.

6/3er Profile in Partnerschaften allgemein: Diese Personen sind Genießer, Entdecker, Herumtreiber und überdies außerordentlich freiheitsliebend. Sie mögen es, außerhalb von Schubladen zu denken und zu leben. Daher brauchen sie einen Menschen an ihrer Seite, der ähnlich tickt, mit ihnen quer durch die Welt reist und sich immer wieder freudestrahlend neuen Herausforderungen hingibt. Mit einer 6/3 erlebst du einiges, das mit den meisten Menschen undenkbar wäre. Mach dich also gefasst auf beispiellose Erfahrungen. Das betrifft das gesamte Spektrum der Beziehung, angefangen von der Kommunikation bis hin zum Liebesleben.

6/3er Profile passen am besten mit 6/3ern und 3/6ern zusammen. Weitere fruchtvolle Verbindungen ergeben sich für sie mit 3/5ern und 6/2ern.

Selbstcoaching:

Schreibe die Menschen aus deinem Umfeld auf, die dir zurzeit am nächsten stehen. Beobachte innerhalb der nächsten sieben Tage, wie sie sich in Bezug auf Nähe und Distanz, Selbstausdruck und Mitgefühl und den Kontakt mit dir allgemein bezogen verhalten. Wenn du magst, kannst du sie anschließend deinem Gefühl nach den verschiedenen Profilen zuteilen. Frage danach einige von ihnen, ob du einen Chart für sie erstellen darfst, um deine Einschätzungen zu prüfen. Diese Aufgabe wird dich sensibler dafür machen, die Bedürfnisse und grundlegenden Verhaltensweisen deiner Mitmenschen in Beziehungen wahrzunehmen und richtig einzuschätzen.

Zur Erinnerung: Nicht nur die unterschiedlichen Human Design Typen und die Profile sorgen für eine passende oder weniger passende Verbindung. Auch deine halben Kanäle („Hanging Gates") sorgen dafür, dass du dich zu bestimmten Menschen (welche die andere Hälfte des jeweiligen Kanals definiert haben) magnetisch angezogen fühlst.

Daneben erleben wir als Menschen oft eine bestimmte Anziehung, wenn andere etwas verkörpern, das auch unseren Eltern (oder den Menschen, mit denen wir großgeworden sind) zu eigen war. Die meisten Menschen nehmen sich vor, niemals im Leben eine Person wie den eigenen Vater oder die eigene Mutter zum Partner oder zur Partnerin zu nehmen. Doch bei diesem Wunsch haben sie das Vorhaben oftmals ohne das Unterbewusstsein, bzw. die Seele gemacht. Diese ist nämlich fortwährend darauf aus, unaufgelösten Schmerz zu transformieren. Wie ginge das besser als mit einer Person an der Seite, die einen ähnlichen Schmerz wie den während der Kindheit in uns hervorlockt?

Der einzige Unterschied ist, dass wir im Erwachsenenalter nicht mehr auf die Eltern angewiesen und somit deutlich freier in unserem Handeln sind (bzw. sein können). Das wiederum führt in der Theorie zu genügend Spielraum, um die entsprechenden Traumata mit Präsenz, Introspektive und einem durch Liebe und Wertschätzung (sich selbst und dem anderen gegenüber) geleiteten Handeln aufzulösen (was nicht zwangsläufig bedeuten muss, dass die jeweilige Beziehung aufrechterhalten wird).

WIE WAR DAS JETZT NOCHMAL? EINE KLEINE ZUSAMMENFASSUNG

In den bisherigen Kapiteln hast du erfahren, wie das Human Design System entstanden ist, du hast die unterschiedlichen Grundtypen kennengelernt, die 9 Zentren, die vollständigen 36 Kanäle, sowie die 64 Tore. Außerdem weißt du nun, was es bedeutet, nach deiner inneren Autorität zu entscheiden und hast (hoffentlich) bereits einen ersten Blick auf deinen Bodygraph (Körpergrafik/Human Design Chart) geworfen. Dieses Buch ist nicht dazu gedacht, dass du es einmal liest, es anschließend ins Regal stellst und dort verstauben lässt. Betrachte es wie ein Schulbuch, das du immer mal wieder hervorholst, Kapitel neu liest und den Inhalt mit deinen in der Zwischenzeit gemachten Erfahrungen abgleichst. Human Design ist ein System, das dein gesamtes Leben lang Gültigkeit hat – wenn du das möchtest. Es wird dir immer wieder dabei helfen, dich selbst und andere noch besser und in der Tiefe zu verstehen. Jetzt gilt es, das Gelernte in deinem Alltag anzuwenden und noch mehr Bewusstheit in jeden Augenblick deines Lebens zu bringen. Denn nur so kann die Veränderung letztlich stattfinden: mit der Bewusstwerdung von bisher unbewussten Gedanken, Gefühlen und Verhaltensweisen und dem beständigen Antrieb, ins Tun zu kommen. Denn Gelesenes bleibt so lange reine Theorie, bis du das Wissen praktisch anwendest. Erst dann wird es zu einer echten und nachhaltigen Erfahrung. Mit Human Design hast du den Schlüssel für ein erfülltes und glückliches Leben in der Hand. Wirst du ihn gebrauchen?

„Relationships are not bound together by sleeping together. They´re bound together by meeting each other."

RA URU HU

Die vorherigen Kapitel abschließend gibt es noch zwei wichtige Aspekte auf deinen Grundtypen und den deines Partners oder deiner Partnerin bezogen zu sagen.

Zum einen geht es um den Schlaf. Wie du im Kapitel der 5 Grund-Human-Design-Typen erfahren hast, haben alle ein unterschiedliches Energiemuster. Der Begründer, bzw. Ursprungskanal, Ra Uru Hu sieht den Schlaf eines jeden Menschen als Reinigung für die jeweilige Aura von den Einflüssen des Tages und denen anderer Menschen. Daher empfiehlt er allen Menschen, allein zu schlafen, sodass niemand anderes nachts in ihrer Aura liegt und diese mit seiner eigenen beeinflusst. Wenn dein Partner oder deine Partnerin nicht gerade schnarcht wie ein Holzfäller, mag dir dieser Gedanke womöglich radikal erscheinen. Das ist verständlich. Trotzdem bist du dazu eingeladen, das Alleinschlafen einmal mindestens sieben Tage auszuprobieren und zu schauen, wie sich dein Energielevel und dein Selbstgefühl am Morgen (das Gefühl in der eigenen, authentischen Kraft) zu sein, verändert.

Beziehungen sind für uns Menschen mit das Wichtigste überhaupt. Wir sind auf sie angewiesen, brauchen sie zum Überleben und zum Glücklichsein. Wusstest du, dass der menschliche Nachwuchs mit zu dem Unselbstständigsten überhaupt unter den Lebewesen zählt?

Es hat einen Grund, warum du dich erst dann richtig ausgefüllt und froh fühlst, wenn du den festen Rückhalt einer Herzensgemeinschaft und Liebe spürst: Du hast es in den Genen, so zu ticken.

Der aktuell stattfindende technische Fortschritt mag viel Gutes mit sich bringen. Aber er darf uns als Menschen eines nicht vergessen lassen: Wir sind im Kern keine weniger gut funktionierenden Computer, die irgendwann vollständig von Maschinen ersetzt werden könnten. Das, was uns als Menschen ausmacht, ist gerade unsere Unzulänglichkeit und vor allen Dingen unsere Empathie, unser Fühlen und Sein. Es ist an der Zeit, dass wir zu unserer Kraft zurückfinden und unsere Einzigartigkeit feiern, statt sie anzuzweifeln oder uns ständig mit anderen zu vergleichen.

Also – tritt wieder in (engere) Beziehung zu dir selbst und zu anderen!

Wenn du ein **Reflektor** bist, erkenne an, dass du immer wieder Zeit für dich brauchst, um dich selbst zu spüren und deine Erlebnisse sowie die Energien deiner Mitmenschen zu verarbeiten (und von dir abzuschütteln).

Nimm dir als **Manifestor** unbedingt die Freiheit, die du zum Glücklichsein brauchst. Lass dich nicht einschränken oder verbiegen und höre nie auf, deine sprudelnde Neugierde zu befeuern.

Als **Projektor** ist es für dich absolut natürlich, sich nach Wertschätzung zu sehnen und mehr Ruhe als die meisten anderen Human Design Typen zu brauchen.

Generatoren lieben Ja-Nein-Optionen und sollten sich niemals schämen, wenn sie lieber ihrer Freude folgen, als zu allem und jedem Ja zu sagen, bloß weil sie theoretisch die erforderliche Energie dazu haben.

Der **Manifestierende Generator** braucht genau wie der klassische Generator die Möglichkeit, seinem Herzen und seiner Freude nachzugehen – und am besten fortwährend Impulse von außen, die ihn daran erinnern, auch mal eine Pause zu machen und herunterzukommen.

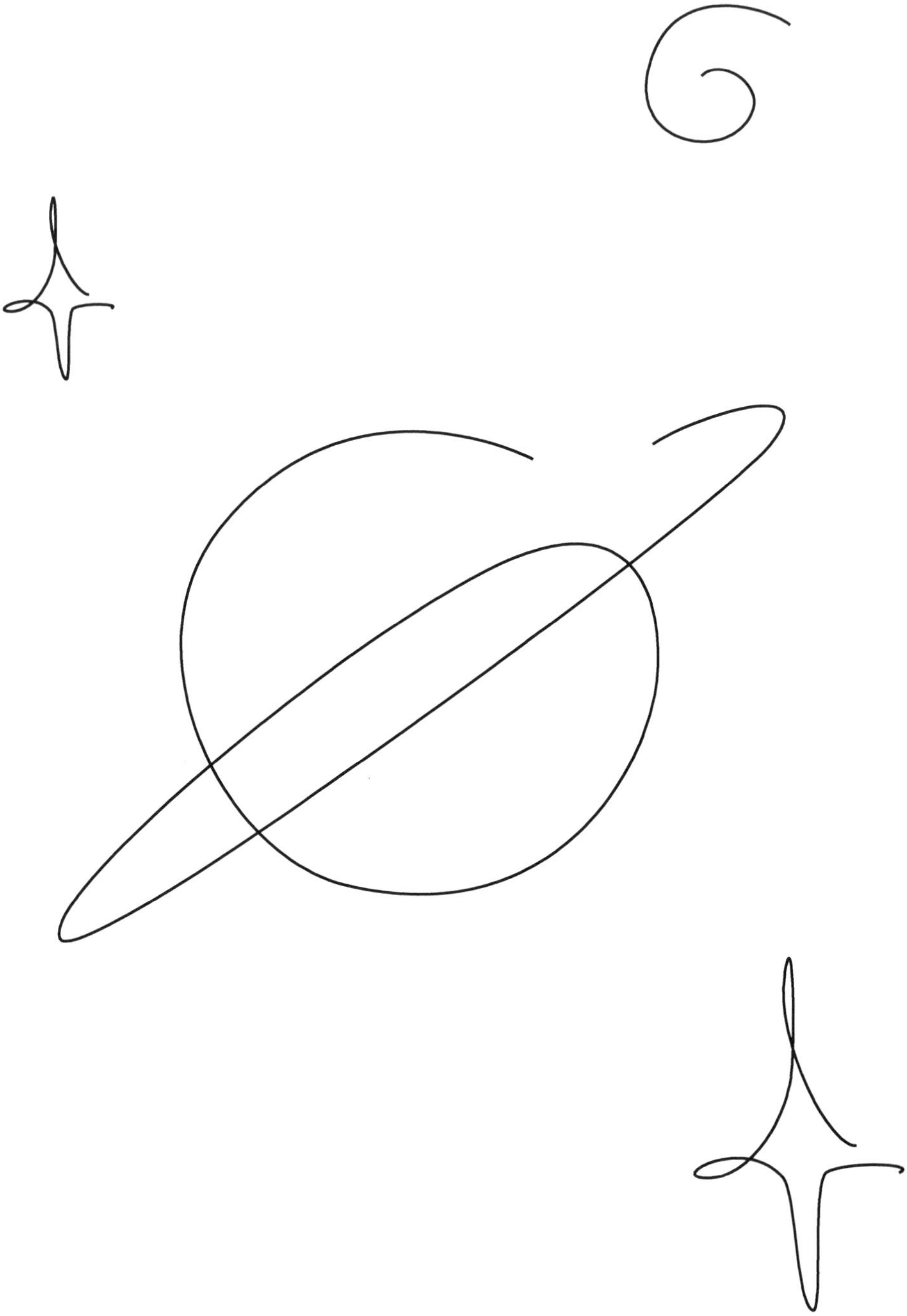

LUST AUF EIN PAAR EXTRASCHRITTE?

HIER GIBT'S ZUSATZINFORMATIONEN!

DIE 13 PLANETEN UND IHR EINFLUSS – ASTRO-ALARM!

Rechts und links in deinem Bodygraph findest du 13 Kästchen oder Kreise, in denen Zahlen stehen, über denen verschiedene Symbole dargestellt sind. Wenn du dich nicht schon gut im Bereich der Astrologie auskennst, fragst du dich nun sicher, was es damit auf sich hat. Diese Symbole stehen für die 13 Planeten, die dein Wesen und deinen Lebensweg fundamental beeinflussen. Streng genommen gehören z.B. die Mondknoten nicht zu den Planeten. Da sich das Wort Planet jedoch aus dem Griechischen ableitet und es dort auch „Wanderer" bedeutet, passt es ebenfalls dazu. Die Mondknoten wandern nämlich genau wie die Planeten am Firmament umher.

Wie du schon einige Male vernommen hast, beschreibt die linke Seite in deinem Bodygraph immer den unbewussten Anteil in dir.

Somit auch die unbewussten Planeten. Genau heißt das, dass du dort die Planetenkonstellationen vorfindest, die etwa drei Monate vor deiner Geburt Einfluss auf dich hatten.

Rechts in der Körpergrafik befindet sich deine bewusste Seite (bzw. Persönlichkeit) und somit die Planeten, die dich genau zu deiner Geburt geprägt haben. Im Nachfolgenden erfährst du mehr über die Bedeutung der Planeten.

Die Zahlen unter den Planeten stehen für die aktivierten Tore. Zusammen mit den Planeten geben sie einen großartigen Aufschluss über deine angelegten Gaben und die mögliche Entfaltung deines Lebens.

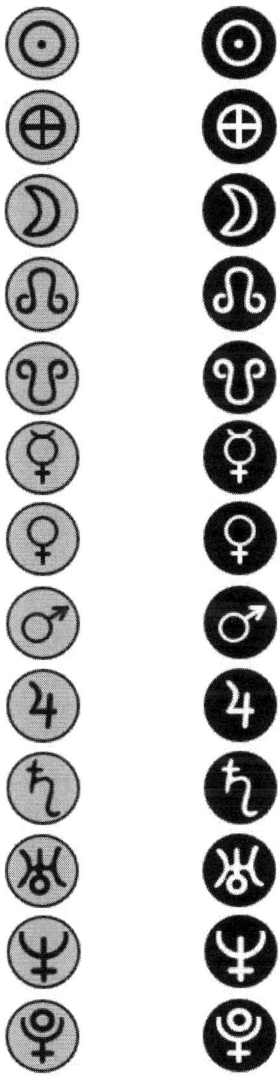

Sonne: Die Sonne steht in deinem unbewussten Design für deine Ausstrahlung. In deiner bewussten Persönlichkeit steht sie für deine Lebensaufgabe. Sie beschreibt außerdem die Energie, die du ausstrahlst und ist Quell deiner Kraft. Die unbewusste Seite beschreibt, wie du auf andere wirkst, bzw. wie sie dich wahrnehmen. Die bewusste Seite steht für das, weshalb du hier auf diesem Planeten bist und was aus deiner Tatkraft und deinem Sein hervorgehen soll.

Beispiel: Angenommen bei deiner Sonne steht rechts in der bewussten Seite (Persönlichkeit) die große Zahl 35. Die Zahl 35 steht für das jeweilige Tor, das in diesem Falle das Tor des Fortschritts und der Veränderung ist. Das bedeutet, dass ein Mensch mit der Sonne in Tor 35 auf der Welt ist, um weiterzugehen, neue Erfahrungen zu machen und seine daraus gewonnenen Einsichten mit der Welt zu teilen. Es handelt sich hier vermutlich um einen latent unruhigen Menschen, der nach immer neuen Erlebnissen und Gefühlen hungert – und der das Leben in vollen Zügen spüren möchte. Neugierde treibt jene Person genauso an und es ist gewiss, dass die Ruhephasen zwischen den stillenden Momenten nie besonders lange anhalten.

Dies gehört zu seiner Lebensaufgabe, kommt jedoch nicht ohne Fallstricke aus. Das Geheimnis bei einer Sonne im Tor 35 ist die Geduld und das Eintauchen in neue Welten ohne Erwartungen.

Auf der linken, unbewussten Seite (Design) steht die große Zahl 63. Die Zahl 63 steht wieder für das aktivierte Tor 63. Dies ist das Tor des Zweifelns. Andere nehmen dich als eine Person wahr, die erst einmal alles hinterfragt und die bei ihren Überlegungen sehr logisch vorgeht. Du giltst außerdem als besonders aufmerksam und meist als jemand, der unter einem gewissen Druck steht.

Selbstcoaching:

Notiere die bei dir aktivierten Tore in deinen Planeten auf der bewussten und der unbewussten Seite.

Erde: Die Erde steht in deinem unbewussten Design für deinen Lebenssinn. In deiner bewussten Persönlichkeit steht sie für deine Verwurzelung.

Mond: Der Mond steht in deinem unbewussten Design für deinen Antrieb. In deiner bewussten Persönlichkeit steht er für deinen Fokus.

Nördliche**r Mondknoten:** Der nördliche Mondknoten steht in deinem unbewussten Design für dein Umfeld in deiner zweiten Lebenshälfte. In deiner bewussten Persönlichkeit steht er für das, was dir in deiner zweiten Lebenshälfte begegnet.

Südliche**r Mondknoten:** Der südliche Mondknoten steht in deinem unbewussten Design für dein Umfeld in deiner ersten Lebenshälfte. In deiner bewussten Persönlichkeit steht er für das, was dir in deiner ersten Lebenshälfte begegnet.

Merkur: Merkur steht in deinem unbewussten Design für deine Kommunikation. In deiner bewussten Persönlichkeit steht er für eine bestimmte Botschaft.

Venus: Die Venus steht in deinem unbewussten Design für deine Moral. In deiner bewussten Persönlichkeit steht sie für deine Werte.

Mars: Der Mars steht in deinem unbewussten Design für deine Wesenskraft. In deiner bewussten Persönlichkeit steht er für deine Kreativität.

Jupiter: Jupiter steht in deinem unbewussten Design für Schutz. In deiner bewussten Persönlichkeit steht er für Wohlstand.

Saturn: Saturn steht in deinem unbewussten Design für Struktur. In deiner bewussten Persönlichkeit steht er für Disziplin.

Uranus: Uranus steht in deinem unbewussten Design für Erneuerung. In deiner bewussten Persönlichkeit steht er für Innovationskraft.

Neptun: Neptun steht in deinem unbewussten Design für den Hintergrund. In deiner bewussten Persönlichkeit steht er für den Schleier.

Pluto: Pluto steht in deinem unbewussten Design für deine innere Wahrheit. In deiner bewussten Persönlichkeit steht er für deine Transformation.

Pfeile am Kopf? Was soll das denn?!

Hast du dich schon gefragt, was die vier Pfeile am Kopf oben rechts und links in deiner Körpergraphik bedeuten?

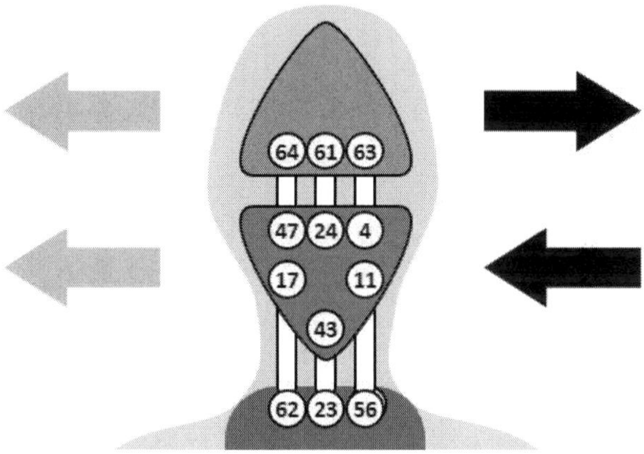

Sie stehen jeweils für vier unterschiedliche Transformationsprozesse. Der Pfeil oben rechts steht für das Bewusstsein (bewusst). Der Pfeil unten rechts steht für die Perspektive (bewusst). Der Pfeil oben links steht für die Verdauung (unbewusst). Der Pfeil unten links steht für die Umwelt (unbewusst). Insgesamt gibt es 16 mögliche Kombinationen der Richtungen, in welche die Pfeile zeigen (immer entweder nach links oder nach rechts). Sie geben vor, wie genau du die Eindrücke und Informationen aus der äußeren Welt bestenfalls in dich aufnehmen solltest.

Nach rechts zeigende Pfeile stehen für Offenheit, Empfänglichkeit und Spontanität. Dieses drückt hauptsächlich die weibliche Energie aus.

Nach links zeigende Pfeile stehen für Konsistenz, Struktur, Regeln und Logik. Dieses drückt hauptsächlich die männliche Energie aus.

Dein Chart gibt also außerdem an, ob du vorwiegend weibliche oder männliche Energie in dir trägst – oder ob die Energie ausgeglichen ist.

✦ **Hinweis:** In manchen Charts findest du statt der Pfeile lediglich die Abkürzung R (rechts) und L (links). Diese steht für die jeweilige Pfeilrichtung.

DAS NICHT-SELBST-THEMA: HAB ICH'S DOCH GEAHNT!

Das Nicht-Selbst-Thema gehört im Human Design System zu den fünf Energietypen. Jeder dieser Typen (Reflektor, Manifestor, Projektor, Manifestierender Generator, Generator) hat auch ein Nicht-Selbst-Thema, welches immer dann auftritt, wenn die entsprechende Person nicht nach ihrer Strategie und ihrer inneren Autorität lebt – und auch, wenn überraschende, scheinbar erst einmal negative Ereignisse im Leben desjenigen auftauchen. Du findest dein eigenes Nicht-Selbst-Thema unterhalb deines Charts.

Reflektor

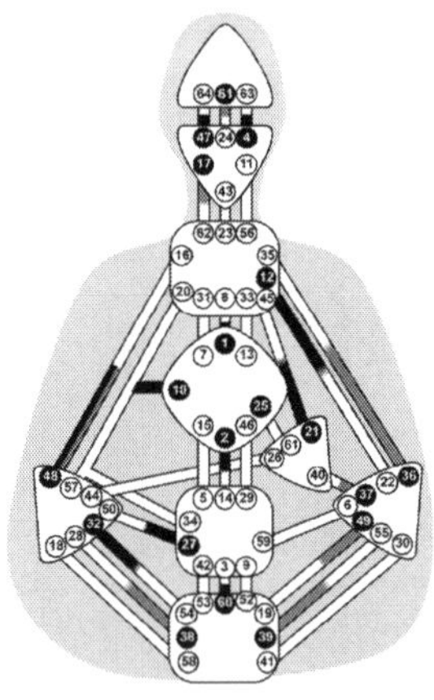

Enttäuschung

Manifestor

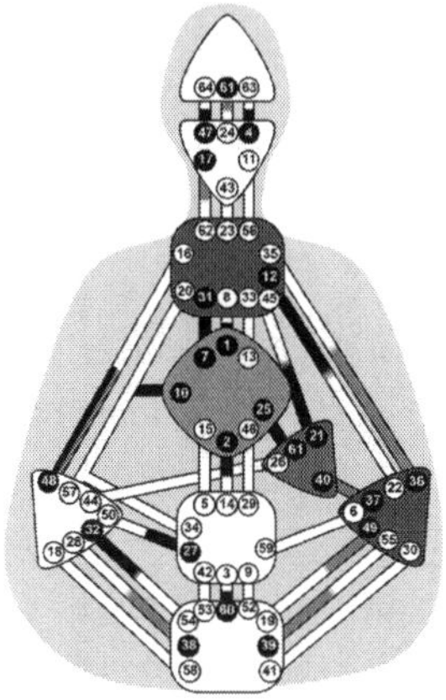

Wut

Projektor

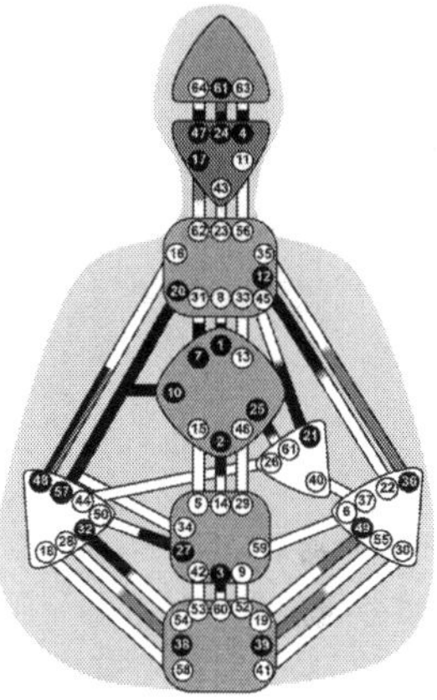

Bitterkeit

Manifestierender Generator

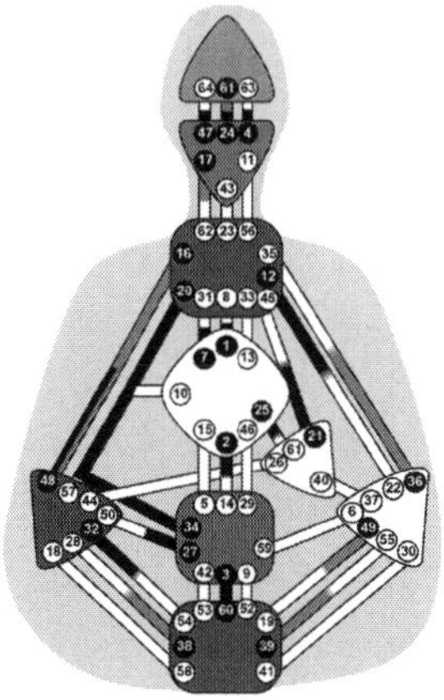

Frustration

Generator

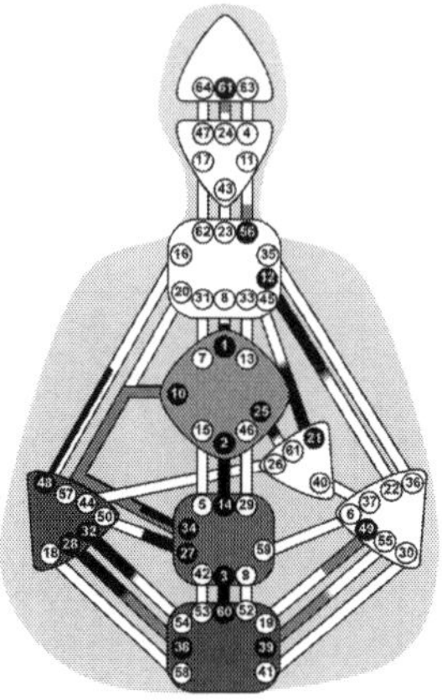

Frustration

Das Nicht-Selbst-Thema beschreibt ein Gefühl, das nicht zu dir gehört. Dennoch kann es vorkommen, dass du dich in emotionsgeladenen Momenten vollständig damit identifizierst. Mit Ruhe und Achtsamkeit wird es dir jedoch gelingen, auch in diesen Augenblicken einen Schritt zurücktreten zu können und dir dieses Themas mehr und mehr bewusst zu werden. Durch diese Bewusstheit transformierst du es allmählich und nimmst ihm so die Macht über dich. Als Menschen sind wir Zeit unseres Lebens niemals perfekt und Emotionen gehören nun einmal zu unserem Dasein dazu – die guten wie die negativen. Doch wenn du ein entsprechendes Maß an Aufmerksamkeit dir selbst gegenüber entwickelt hast, fällt es dir zunehmend leichter zum Beobachter deiner inneren Welten zu werden. Als Beobachter erlangst du die Freiheit der bewussten Entscheidungen zurück. Außerdem vermindert sich durch die zunehmende Achtsamkeit ein ganz wichtiger Aspekt bei allen inneren und äußeren Konflikten: das Leiden.

Das Nicht-Selbst-Thema der Reflektoren

Die undefinierten (nicht eingefärbten, offenen) Zentren der Reflektoren sorgen für die große Empfindsamkeit der Menschen dieses Typs. Ihre feinen Fühler für ihre gesamte Umwelt sind ein großes Geschenk – sie können jedoch auch dazu führen, dass sich die Reflektoren völlig überlastet und überstimuliert fühlen. Wenn du zu den Reflektoren gehörst und weder deiner Strategie folgst noch auf deine innere Autorität hörst, kann es vorkommen, dass du dich viel zu lange mit Menschen, Themen und oder Umgebungen abgibst, die dir überhaupt nicht guttun. In diesem Fall kommt das Nicht-Selbst-Thema von dir als Reflektor rasch zum Ausdruck: Enttäuschung. Dann bist du nicht nur von allem Äußeren enttäuscht (von den dich umgebenden Menschen, deiner Umgebung an sich oder bestimmten Projekten), sondern auch von dir selbst – und das wiegt oftmals noch deutlich schwerer. Eine solche Enttäuschung ist vorprogrammiert, wenn du keinen vollständigen Mondzyklus abgewartet hast, bis du eine wichtige Entscheidung getroffen hast. Stattdessen hast du womöglich etwas gewählt, das in Wahrheit gar nicht dir, sondern der Energie eines anderen Menschen entspricht.

Außerdem ist es möglich, dass du dir zu wenig Zeit für dich und für das Allein und in deiner eigenen Energie Sein genommen hast (erinnerst du dich – das ist essenziell für dein Wohlbefinden!).

Bedenke dies auch, wenn du einen Partner oder gute Freunde hast, die zu den Reflektoren gehören. Wenn du mitbekommst, dass sie enttäuscht sind, kannst du sie (falls angebracht und passend) direkt oder indirekt liebevoll an ihre Strategie und innere Autorität erinnern.

Ein Reflektor, der vollends in seiner Kraft ist, nimmt sich stets genug und nur für ihn reservierten Raum sowie freie Zeit.

Er gedeiht am besten mit Menschen um sich herum, die ihm ein gewisses Maß an Stabilität vermitteln. Das ist so, da er selbst durch seine offenen Zentren über wenig eigene Stabilität verfügt (wie auch, denn er wird ständig von allen Energien um ihn herum beeinflusst). Des Weiteren haben Reflektoren die Tendenzen, fremde Themen (und Energien) mit nach Hause und in ihre Beziehungen zu nehmen. Wenn er von herzlichen Menschen sanft daran erinnert wird, dass dieses oder jenes womöglich gar nicht zu ihm gehören könnte, blüht er auf und fühlt sich freier und leichter denn je.

Das Nicht-Selbst-Thema der Manifestoren

Die energetische Aufgabe der Manifestoren ist es, andere zu leiten, neue Ideen zu entwickeln und ihnen ungestüm nachzugehen, sowie die Welt mithilfe ihrer Eingebungen und Visionen zu verändern. Ihre forsche, stürmische, autonome Art wirkt auf einige Menschen abschreckend und oft auch unsympathisch. So kann es sein, dass ein Manifestor, der es eigentlich nur „gut" meint und das Herz am rechten Fleck hat, in seinem Umfeld gewaltigen Widerstand, Zurückweisung und Ablehnung erfährt.

Wenn dann noch hinzukommt, dass diese anderen Menschen den Manifestor in seiner Freiheit einschränken und daran hindern wollen, seine Pläne in die Tat umzusetzen, brodelt Wut in ihm hoch.

Manifestoren müssen lernen, nicht an dieser Wut festzuhalten oder sie gar von sich wegzuschieben und zu unterdrücken. Denn sonst manifestiert sich für sie im wahrsten Sinne des Wortes dieses Nicht-Selbst-Thema und macht sie sehr unglücklich.

Wut will gefühlt werden – und vor allen Dingen (kreativ und offen) ihren Ausdruck finden.

Erst dann kann sie verpuffen und transformiert werden. Allerdings braucht der Manifestor sich tatsächlich gar nicht allzu sehr mit dem Thema tief verwurzelter Wut auseinanderzusetzen, wenn er seiner ganz eigenen Strategie folgt und darüber hinaus auf seine innere Autorität hört. Informiert er andere rechtzeitig über das, was er vorhat, sind sie in den meisten Fällen deutlich gewillter, ihm zu folgen und bei der Umsetzung seiner Visionen in der Welt zu helfen.

In einer Partnerschaft oder engen Freundschaft braucht der Manifestor von seinem Gegenüber zuerst einmal deutliche und unmissverständliche Ansagen, damit er entscheiden kann, wie er zu einer bestimmten Sache steht. Dann kann er wunderbar entscheiden, ob ein Thema auch in ihm ein Feuer zum Lodern bringt, sodass er seine Manifestorenenergie hineinfließen lassen und einbringen möchte.

Alles, was in ihm ein gewisses Maß an Neugierde und Gefühlen der Spannung auslöst, weckt sein Interesse.

Wenn er dieses nicht zeigt, ist das ein klares Signal. Rücksichtsvolle und aufmerksame Lebensgefährten werden ihren Partner dann nicht weiter stören und ihn weiter an seinen eigenen Plänen tüfteln lassen. Sie wissen, dass der Manifestor seine uneingeschränkte Freiheit braucht, um ein tiefes Gefühl der Befriedigung in seinem Leben zu verspüren. Als Partner oder Partnerin eines Manifestors magst du seine großen Visionen vielleicht nicht immer oder bis ins letzte Detail verstehen – vertraue deinem Liebsten oder deiner Liebsten einfach und belästige ihn bzw. sie nicht mit dem Wunsch nach langen Erklärungen. Einfach machen lassen, lautet die Devise!

Das Nicht-Selbst-Thema der Projektoren

Durch ihre Fähigkeit der Wiedergabe sind Projektoren spitze darin, Mängel aller Art in der Gesellschaft, Einrichtungen, Projekten und Abläufen aufzudecken. Auch auf ihre Mitmenschen bezogen, sind sie sehr weitsichtig und haben stets den „Durchblick", wenn es um das Entdecken von möglichen Komplikationen in der Zukunft geht. Sie haben die Fähigkeit, ihre Aura besonders stark zu fokussieren. Das macht sie zu überaus weisen Menschen.

Doch wenn Projektoren vorpreschen, ohne von ihrer Umwelt direkt (durch auffordernde Worte) oder indirekt (durch nonverbale Gesten, besondere Vorkommnisse) dazu eingeladen worden zu sein, stößt ihr Rat allzu oft auf Abwehr.

Projektoren reagieren auf den Boykott ihrer Hilfe mit Bitterkeit. Das ist das Nicht-Selbst-Thema eines Projektors. Dieses kann er umgehen oder zumindest stark abmildern, wenn er immer erst auf die besagte Einladung von anderen wartet. In diesem Falle wird er nämlich für seine Talente und seinen ganz besonderen Energietyp gesehen und erfährt das, wonach er sich in der Tiefe seines Herzens am meisten sehnt: Wertschätzung von anderen.

Als Liebespartner oder Liebespartnerin eines Projektors solltest du immer darauf achten, dass dieser Mensch ggf. mehr Zeit zum Ausruhen als du selbst braucht. Das liegt daran, dass Projektoren ohne eine permanent vorhandene sakrale Energie auskommen müssen. Außerdem wird dein Projektorherzblatt im wahrsten Sinne des Wortes aufblühen, wenn du es mit aufrichtiger Anerkennung für seine Weisheit und guten Ratschläge belohnst. Nach seiner ehrlichen Meinung gefragt zu werden, ist für einen Projektor etwas Herrliches, denn dabei ist er ganz in seinem Element. Daneben sollte dir bewusst sein, dass Projektoren Lügen auf zehn Meter Entfernung riechen – also versuche gar nicht erst, sie anzuflunkern.

Das Nicht-Selbst-Thema der Generatoren und Manifestierenden Generatoren

Auch Manifestierende Generatoren und Generatoren müssen sehr genau darauf achten, Zeit ihres Lebens ihrer eigenen Strategie und der mit ihrem individuellen Design einhergehenden inneren Autorität zu folgen. Wenn diese Human Design Typen ihre mächtige sakrale Energie nämlich für Menschen oder Vorhaben aufbringen, die sie in Wirklichkeit überhaupt nicht mit Freude nähren, ist ein energiebedingtes Burnout vorprogrammiert. Denn auch die oft scheinbar unerschöpflich wirkende Energie aus dem Sakral-Zentrum hat ihre Grenzen, wenn sie nicht wie vorgesehen Anwendung findet.

Das Nicht-Selbst-Thema von Manifestierenden Generatoren und Generatoren ist daher Frustration. Diese steht am anderen Ende ihrer gottgegebenen Begeisterung.

Wie alle anderen Gefühle gehört ein wenig Frust zum Leben eines Menschen dazu. Doch es gibt einen Unterschied zu einem kurzweiligen Frust-Anflug und einer ausgeprägten Frustphase. Wenn letzteres eintritt, kann sich ein Manifestierender oder ein „reiner" Generator sicher sein, dass gerade sein Nicht-Selbst-Thema bei ihm an die metaphorische Tür klopft.

Dann wird es höchste Zeit für diese Menschen, heraus aus ihrem Kopf und hinein in ihre eigene innere Autorität zu kommen, mit der sie von nun (wieder) an jede Entscheidung treffen. Ferner dürfen sie sich an das (manchmal leidige und doch gewinnbringende) Warten und Reagieren erinnern, statt die Dinge eigenständig einzuleiten. Vertrauen in das Leben und in ihre Strategie sind hier angesagt!

Es wird Momente geben, in denen es sich für diese Typen anfühlt, als würde überhaupt nichts vor und zurück gehen. Doch das täuscht. Es wird nicht lange dauern, bis sie die so dringend herbeigesehnte Einladung von anderen Menschen oder dem Leben selbst in Form von Hinweisen, besonderen Gelegenheiten oder Vorschlägen erhalten. Auf diese wird sich dann ihr Bauch jeweils mit einem klaren Ja oder Nein melden.

Bei ersterem dürfen die „reinen" Generatoren allmählich loslegen, während die Manifestierenden Generatoren den entsprechenden Weg erst einmal sachte ausprobieren und dann auf ihre zweite Bauchreaktion („den Moment der Wahrheit") warten sollten, ehe sie sich mit vollem Eifer und Begeisterung einer Sache hingeben und Energie einführen.

So (durch dieses Anwenden ihrer Strategie und Anerkennen der inneren Autorität) stellen beide Typen sicher, dass sie eine enorme, anhaltende Lebensenergie zur Verfügung haben. Das führt zu Zufriedenheit und Glücksgefühlen.

In einer romantischen Beziehung und in Freundschaften gibt es bei diesen beiden Human Design Typen jedoch einige Unterschiede. Die Manifestierenden Generatoren brauchen Menschen an ihrer Seite, die sie bei ihren zig Projekten und Vorhaben liebevoll unterstützen und sie genau für diese Vielseitigkeit wertschätzen. Das fördert ihr Selbstvertrauen und somit auch ihre genialen Manifestationsfähigkeiten. Wie die Manifestoren benötigen Sie für das Umsetzen und die Verwirklichung ihrer Ziele Zeit und Ruhe für sich, also störe sie nicht, wenn sie gerade von Schaffenskraft beseelt sind. Was du für einen Manifestierenden Generator als Gefährten tun kannst, ist, ihn regelmäßig ans Innehalten und Ausruhen zu erinnern. Diese quirligen, energiegeladenen Typen wissen deine Fürsorge vielleicht nicht gleich im ersten Moment zu schätzen, aber dafür mit Sicherheit später (wenn sie spüren, wie gut ihnen diese Pausen tun).

Bei einem Generator an deiner Seite solltest du den Fokus zuallererst einmal weg von offenen Fragen nehmen und ihn stattdessen auf Ja-Nein-Fragen richten (Gleiches gilt auch für den Manifestierenden Generator). Diese Art der Fragen sorgen für eine besonders eindeutige Bauchreaktion dieser Menschen.

Durch die viele Energie und Kraft, die diese Personen zur Verfügung haben, kommt es nicht selten vor, dass sie den lieben langen Tag mit der Arbeit verbringen. Das funktioniert sehr gut, ohne dass sie ausbrennen, wenn sie dabei zu jeder Zeit ihrer Freude und Begeisterung folgen dürfen. Auch er wird nur ungern dabei unterbrochen, deshalb lass ihn einfach machen und schaffen, wie es ihm beliebt – das macht ihn glücklich.

Dafür darfst und solltest du die Situationen im Blick behalten, in denen sich dein Partner oder deine Partnerin mit zu vielen Projekten oder Themen beschäftigt, die in Wirklichkeit nicht gerade viel Freude in ihm oder ihr auslösen.

Dann ist es an der Zeit, sie oder ihn mit behutsamen Ja-Nein-Fragen selbst herausfinden zu lassen, inwieweit er oder sie seine Strategie und innere Autorität bei den Entscheidungen für die jeweilige Beschäftigung nicht berücksichtigt hat – und was im Augenblick die viel bessere und befriedigendere Wahl für das Aufwenden seiner oder ihrer Energie wäre.

Das Inkarnationskreuz – noch mehr verrückte Sachen!

Das Inkarnationskreuz im Human Design System gibt Aufschluss über den Sinn deines Lebens in deiner aktuellen Inkarnation. Es besagt also, in welche Richtung dein Leben geht und welcher Zweck sich dahinter verbirgt. Dieser Weg samt des Sinnes kann sich in deinem Leben einzig dann praktisch entfalten, wenn du nach der Strategie deines Human Design Typs und deiner inneren Autorität handelst.

Die bewusste und die unbewusste Sonne bilden in deinem Chart ein Kreuz, an dessen Punkten am Ende sich zu jeder Seite ein Tor befindet. Das bedeutet im Umkehrschluss, dass ein jedes Inkarnationskreuz aus vier Toren besteht.

Insgesamt gibt es 192 mögliche Inkarnationskreuze im Human Design. Das liegt daran, weil sich die Sonne innerhalb eines Jahres durch die 64 verschiedenen Energien (Hexagramme) bewegt. So sind die Inkarnationskreuze eine Mischung aus den Grundthemen der jeweiligen Positionen der Sonne und der Erde zum Geburtszeitpunkt.

Es wird zwischen drei Arten von Inkarnationskreuzen unterschieden:

- Das rechtwinklige Inkarnationskreuz
- Das linkswinklige Inkarnationskreuz
- Juxtapositionskreuze

Menschen, die ein rechtwinkliges Inkarnationskreuz aufweisen, haben ein persönliches Schicksal. Zu ihnen gehören die Human Design Profile 1/3, 1/4, 2/4, 2/5, 3/5, 3/6 und 4/6.

Bei diesem Inkarnationskreuz gibt es 16 spannende Themen, die viermal im Jahr erscheinen. Dazu gehören: Unerwartetes, Gesetze, vier Wege, Maya, Penetration, Dienst, Spannung, Liebe, Eden, Gefäß, Herrschaft, Planung, Bewusstsein, Ansteckung, schlafende Phoenix, Erklärung und Sphinx.

Menschen, die ein linkswinkliges Inkarnationskreuz aufweisen, haben ein transpersonales Schicksal. In ihrem Leben geht es hauptsächlich um ihr Wirken in der Gesellschaft allgemein. Zu ihnen gehören die Human Design Profile 5/1, 5/2, 6/2 und 6/3.

Bei diesem Inkarnationskreuz gibt es 32 individuelle Themen, die zweimal in einem Jahr vorkommen: Alpha, Ablenkung, Verfeinerung, Verdunkelung, Anforderungen, Zyklen, Individualismus, Konfrontation, Prävention, Bildungskreuz, Trennung, Dualität, Identifikationskreuz, Ungewissheit, Trotz, Ausrichtung, Widmung, Begrenzung, Fanfare, Wünsche, Heilung, Bemühungen, Ebene, Heilung, Umbruch, Information, Migrationskreuz, Herrschaft, Bestreben, Revolution, Geist und Masken.

Menschen mit einem Inkarnationskreuz der Juxtaposition haben ein ganz bestimmtes, fixiertes Schicksal. Das entsprechende Human Design Profil dazu ist die 4/1.

Bei diesem Inkarnationskreuz hat jeder der 64 unterschiedlichen Energien nur ein Thema, das bloß ein einziges Mal im Jahr zum Tragen kommt. Du kannst mit der Suchmaschine deiner Wahl die entsprechenden Bedeutungen der Inkarnationskreuze nachlesen.

Die Extra-Meile zusammengefasst

In den letzten, kurzen Kapiteln hast du noch detaillierte Informationen zum Human Design System erfahren. Du weißt jetzt, welche Rolle die 13 Planeten in deinem Chart spielen und wie sie mit den Toren zusammenhängen. Du hast erfahren, ob du mehr männliche oder weibliche Anteile in dir trägst, was passiert, wenn nicht unbedingt als positiv von dir erachtete, unvorhergesehene Ereignisse in deinem Leben auftauchen und wenn du deine Strategie sowie innere Autorität ignorierst: Stichwort Nicht-Selbst-Thema. Weiter weißt du nun über das Inkarnationskreuz Bescheid und welche große Bedeutung es für dein Leben hat. Das ist eine Menge und du bist freundlich dazu angehalten, nicht zu verzagen, wenn du all diese Informationen noch nicht vollends verdaut und verinnerlicht hast.

Du hast noch den Rest deines Lebens Zeit, tiefer in die Studien des Human Design Systems einzutauchen und ein wahrer Profi darin zu werden. Du wirst selbst erleben, wie dies dein eigenes Leben und das der Menschen um dich herum bereichern wird!

SCHLUSSWORT

Zum Abschluss sei gesagt, dass das Leben mit all seinen Facetten immer auf die eine oder andere Weise eine Herausforderung darstellt. Das Human Design System ist eine von vielen Antworten auf die großen Fragen des Seins und der menschlichen Natur.

Wenn du seine Sprache sprichst, erleichtert dir das vieles. Aber auch, wenn du sie perfekt beherrschst, wirst du immer mal wieder auf Situationen stoßen, die dich im ersten Augenblick ratlos oder vielleicht sogar verzweifelt zurücklassen.

Betrachte diese Aufs und Abs als Teil des Vertrages, den deine Seele bei deiner Inkarnation mit dem Universum geschlossen hat. Es geht um das Lernen und Wachsen. Je besser du dich selbst kennst und verstehst und bereit für das Dazulernen und den Wandel bist, desto weniger wirst du in anspruchsvollen Situationen leiden. Und – desto eher stehst du wieder auf deinen Füßen, wenn der Sturm des Lebens dich einmal umwirft.

„Wer bin ich?" ist eine der ältesten und wichtigsten Fragen der Menschheit. Mithilfe des Human Designs und Achtsamkeit dir selbst gegenüber kannst du diese nun beantworten.

Ein erfülltes und glückliches Leben ist so nicht bloß denkbar, sondern möglich! Und das nicht nur für irgendwen „da draußen", sondern für dich! Also nutze dieses Leben und befreie dich von allem, was nicht zu dir gehört. Du bist einzigartig und wunderschön – genau so, wie du bist.

Das Human Design System ist nicht dafür gedacht, es wie eine Schablone auf die Menschen zu legen und oder sie in eine bestimmte Schublade zu pressen. Ganz im Gegenteil! Je besser du dich damit auskennst, desto mehr wirst du verstehen, wie tiefgehend und komplex die Deutungen sein können – und dass kein Chart dem anderen eins zu eins gleicht, genau wie auch kein Mensch genau wie ein anderer ist. Mache die Selbstcoaching-Aufgaben aus dem Buch gewissenhaft und wende das Erlernte jeden Tag ein bisschen mehr in deinem Alltag an.

Wie das nun einmal als Mensch so ist, werden sich zunächst bloß kleinere Veränderungen einstellen. Doch wenn du dranbleibst, weitermachst und Fortschritt anstrebst, wird es nicht lange dauern, bis sich dein gesamtes Leben vollständig transformiert hat! Also – worauf wartest du noch? Mit dem Human Design System an deiner Hand kannst du fliegen und nach den Sternen greifen. Und zwar genau jetzt und hier, ab dem heutigen Tag.

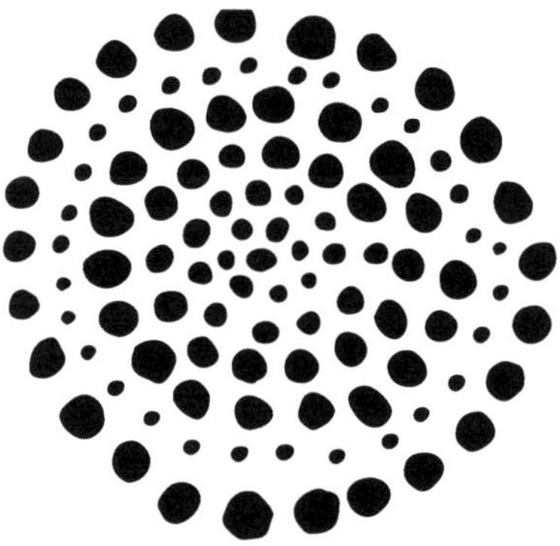

HÄUFIG GESTELLTE FRAGEN

Was ist der Unterschied zwischen den Toren und den Kanälen?
Ein Kanal stellt im Human Design System die Verbindungsstelle zwischen zwei gegenüberliegenden Toren dar. Bei einem aktivierten Tor (Potenzial), findest du auch einen zur Hälfte eingefärbten (bewusst oder unbewusst) Kanal in deinem Chart vor.

Wie verhalten sich unterschiedlich aktivierte (definierte/eingefärbte) Kanäle in Bezug auf die Energie zu anderen Menschen?
Die Aktivierung der Tore und somit vollständig, bis zur Hälfte oder überhaupt nicht vorhandenen Kanäle ist ein wichtiger Faktor für deine Beziehungsdynamiken.

Haben du und dein Partner oder deine Partnerin beispielsweise die jeweils gegenüberliegenden Tore aktiviert (jeder hat ein Stück des Kanals, zusammen ergeben sie einen vollständig definierten), sorgt das für eine heftige und knisternde Anziehung zwischen euch.

Habt ihr beide das gleiche Tor aktiviert und somit auch die gleiche Kanalhälfte definiert, ergibt sich daraus eine Basis für eine wunderbare Freundschaft.

Wenn einer von euch beide Tore innerhalb eines Kanals aktiviert hat und der andere nur eins, entsteht ein gewisses Ungleichgewicht in der Dynamik. Inwieweit sich dieses negativ auf die zwischenmenschliche Beziehung auswirkt, ist vom emotionalen Reifegrad und dem Mitgefühl der zwei Personen abhängig.

Hat dein Partner oder deine Partnerin keines der beiden zu einem Kanal zugehörigen Tore aktiviert, du dafür jedoch beide, ist eine starke Dominanz zu deinen Gunsten sicher. Dies kann, das Machtverhältnis auf ein bestimmtes Thema und auch allgemein betreffend, zu erheblichen Schwierigkeiten in einer Beziehung führen. Dennoch spielen auch in diesem Falle wieder die individuelle Feinfühligkeit und andere mögliche, ausgleichende Faktoren eine Rolle dabei, inwieweit dies zum Gelingen oder Scheitern der Beziehung beiträgt.

Wie hängen die Strategie der fünf Typen und die innere Autorität zusammen?

Die Strategie eines der fünf Human Design Grundtypen zeigt einen Handlungsplan für jeden einzelnen auf, der zu einem leichteren, glücklicheren und erfüllteren Leben führt.

Dies bedeutet beim Reflektor „einen Mondzyklus lang zu warten und sich ausreichend Zeit für sich zunehmen", beim Manifestor „sich zu informieren, ehe er vorprescht und handelt", beim Reflektor „auf die Einladung von anderen und oder dem Leben zuwarten, bevor er seinen Rat kundtut" und für die Manifestierenden Generatoren und die Generatoren „auf das Leben zu reagieren und ihrer Freude zu folgen, statt selbst zu initiieren".

Bei allen Entscheidungen, welche diese fünf Energietypen treffen, sollten sie jedoch nicht nur dieser besagten Strategie folgen und demnach ansonsten zu allem Ja sagen! Nein, es gilt auch die innere Autorität zu berücksichtigen, um sicherzugehen, dass eine Sache, ein Projekt, eine Umgebung oder das Zusammensein mit einem oder mehreren Menschen wirklich richtig für sie ist.

Die inneren Autoritäten teilen sich in die sakrale Autorität (das Bauchgefühl), die emotionale Autorität (die emotionale Welle abwarten, bis Ruhe eingekehrt ist und dann entscheiden – mit Ausnahme des Manifestierenden Generators, der bei einem ersten Ja die entsprechende Handlung erst einmal vorsichtig ausprobieren und dann erneut sein Bauchgefühl befragen sollte), die Milz-Autorität (Intuition), die Ego-Autorität (der Wille und das, was den Herzenswünschen entspricht), die Selbst-Autorität (auf Grundlage der inneren Wahrheit und der eigenen Werte entscheiden) und die Nicht-Autorität, bzw. keine Autorität(Entscheidungsfindung durch das Austauschen mit anderen, reflektieren und den Mondzyklus abwarten) auf.

Was bedeuten die kleinen Zahlen neben der großen Zahl unter den Planten?

Die kleinen Zahlen rechts und links neben den großen Zahlen im Bodygraph (unter den 13 Planeten) stehen für die jeweilige Linie, die sich auch in deinem Profil ausdrückt.

Sie beschreiben unter anderem, auf welche Weise du dein Potenzial auslebst.

Linie 1 steht für den Forscher oder die Forscherin. Die Linie 2 steht für das Naturtalent. Die Linie 3 steht für den Abenteurer oder die Abenteurerin. Die Linie 4 steht für den Netzwerker oder die Netzwerkerin. Die Linie 5 steht für den Held oder die Heldin. Die Linie 6 steht für das Rollenvorbild.

HAFTUNGSAUSSCHLUSS

Impressum

1. Auflage 2022

Bibliografische Information der Deutschen Nationalbibliothek
Die Deutsche Nationalbibliothek verzeichnet diese Publikation in der Deutschen Nationalbibliografie; detaillierte bibliografische Daten sind im Internet über http://dnb.d-nb.de abrufbar.

Umschlaggestaltung, Layout und Satz: Sprudelkopf Design –
Jasmin Raif, www.sprudelkoepfe.com
Umschlagmotiv und Grafiken: iStockphoto © ma_rish, ©chinnapong, ©Vectorovich, ©Thirteen-Fifty, ©Stocknick, ©Boris25, ©Olga Ubirailo, ©addillum, ©Irina Shisterova, ©Tetiana Garkusha, ©illustration.dkrt, ©Svetlana Apukhtina
Lektorat: Marina Monaco
Illustrationen: akor86 (Fiverr.com)
Herausgeber: Töndart Verlag

ISBN 978-3-9824775-0-3 (Paperback)
ISBN 978-3-9824775-1-0 (Hardcover)
ISBN 978-3-9824775-2-7 (e-Book)

Die Autoren werden vertreten durch:

Töndart Verlag - ein Imprint von:
Petra Röser c/o Block Services
Stuttgarter Str. 106
70736 Fellbach
Deutschland
E-Mail: Toendart_Verlag@web.de

Printed in Great Britain
by Amazon

19447104R00091